**TRAUNER VERLAG**
BILDUNG

*Bildung, die begeistert!*

# Ihr interaktives E-Book in der TRAUNER-DigiBox



## Das Plus zum gedruckten Buch

- **+ Angereichertes E-Book**
- **+ Multimediale Inhalte**
- **+ Vielfältige Zusatzmaterialien auf einen Blick**
- **+ Einfache Navigation**
- **+ Für verschiedene Endgeräte (PC, Mac, Tablet, Smartphone)**

**Spannendes Lernen an jedem Ort**

*Motivierende Lernvideos*

*Interaktives E-Book*

*Interaktive Übungen*

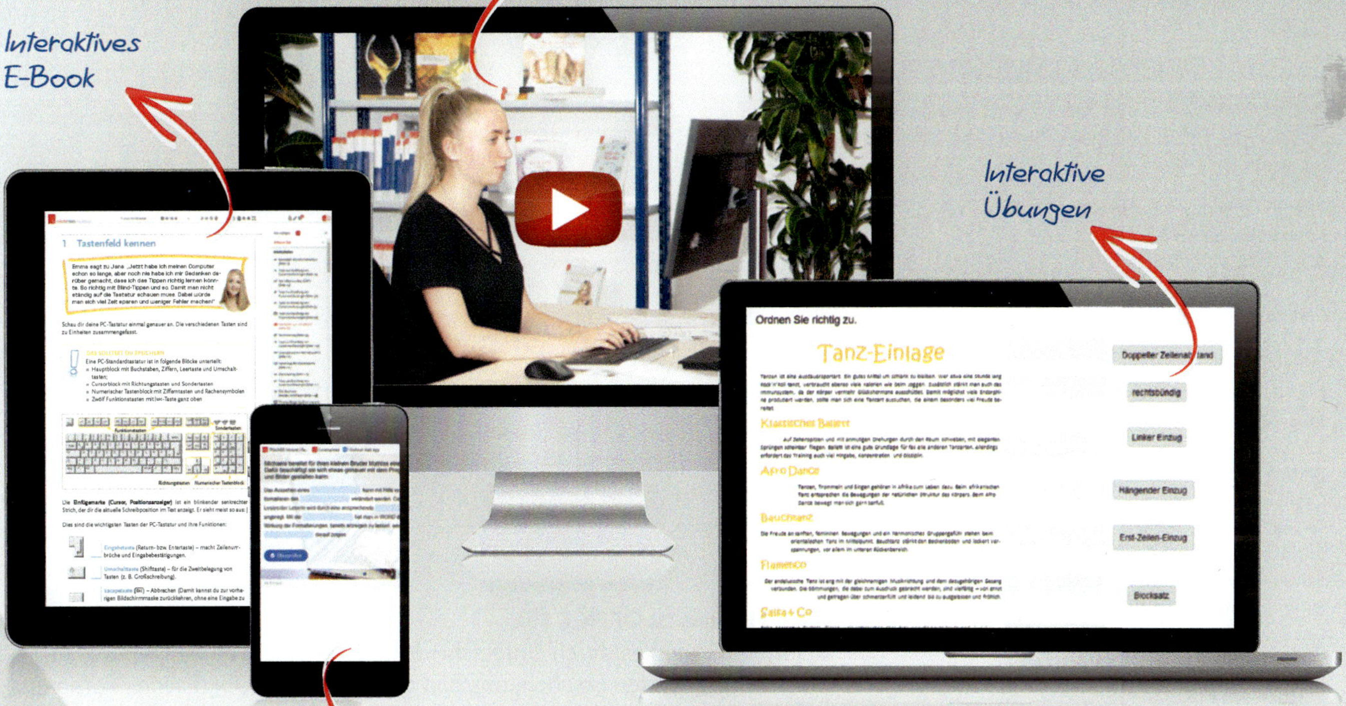


*Safety-Checks überprüfen den Kompetenzerwerb automatisch*

Dieses Buch wurde auf Papier aus nachhaltiger Forstwirtschaft gedruckt.

## Impressum

**Zauner u. a.: Tastschreiben und WORD-Basics Office 365 MS/AHS**

+ TRAUNER-DigiBox

2. Auflage 2022, Nachdruck 2025
*(Alle Drucke der 1. und 2. Auflage sind im Unterricht parallel verwendbar.)*
TRAUNER Verlag, Linz

**Die Autorinnen und Autoren**

DORIS ZAUNER, MED MSC
Höhere Bundeslehranstalt für wirtschaftliche Berufe Steyr

DIPL.-PÄD. ING. MAG. DR. DIETMAR CHODURA, BED
Lehrer an der Polytechnischen Schule Perg und Hochschullehrer an der Kirchlichen Pädagogischen Hochschule in Wien

STEPHANIE FIEDLER, BED
Lehrerin an der Polytechnischen Schule Urfahr

ELKE KEPPLINGER, BED
Lehrerin an der Polytechnischen Schule Eisenerz und an der Höheren Bundeslehranstalt für wirtschaftliche Berufe und Hotelfachschule Weyer

Liebe Schülerin, lieber Schüler,
du bekommst dieses Schulbuch von der Republik Österreich für deine Ausbildung. Bücher helfen nicht nur beim Lernen, sondern sind auch Freunde fürs Leben.



Lektorat/Produktmanagement:
Mag. Magdalena Rose
Titelgestaltung:
Bettina Victor, Teresa Foissner
Grafik und Gestaltung:
Teresa Foissner, Michael Wenigwieser
Korrektorat: Johann Schlapschi
Schulbuchvergütung/Bildrechte:
© Bildrecht GmbH/Wien
Gesamtherstellung:
Dataform Media GmbH
Julius-Raab-Str. 8, 2203 Großebersdorf

PRINTED IN AUSTRIA

ISBN 978-3-99113-747-4

www.trauner.at

**Wichtiger Hinweis zu OFFICE 365**
Bei OFFICE 365 kann es durch Unterschiede in der Installationsumgebung zu einem leicht veränderten Erscheinungsbild der Programm-Oberflächen kommen. Zusätzlich gibt es Unterschiede, je nachdem, ob mit einem mobilen Endgerät oder einem Desktop-PC gearbeitet wird. OFFICE 365 wird von MICROSOFT laufend mit Updates versorgt, es können daher gegebenenfalls neue oder veränderte Funktionen im vorliegenden Schulbuch noch nicht berücksichtigt sein. Die Designs können sich ebenfalls unterscheiden. Die in den Übungen verwendeten Designs stellen daher nur einen Vorschlag dar.

## Ziele und Aufbau des Buches

Dieses Buch soll dir helfen, deine Kenntnisse zum Verständnis und zur Nutzung von Computern zu vertiefen. Dabei wirst du dich mit praxisnahen Übungen und vielfältigen Einzel- und Gruppenarbeiten auseinandersetzen. Außerdem wirst du in den einzelnen Kapiteln des Buches praxisbewährte Methoden und Techniken erlernen, um bestens für deine weitere schulische bzw. berufliche Laufbahn gerüstet zu sein.

Abwechslungsreich, praxisbezogen und ansprechend – dieses Buch integriert Theorie und Praxis der Textverarbeitung auf spannende Weise.

## Wesentliche Elemente und verwendete Symbole

Die Ziele am Anfang jedes Kapitels sollen dir zeigen, was du nach Bearbeitung können sollst. Sie sind mit den Farben Blau, Rot und Schwarz nach der Kompetenzstufe gekennzeichnet.

### Meine Ziele

KOMPETENZ-ERWERB

Nach Bearbeitung dieses Kapitels kann ich

- die gelernten Fachinhalte wiedergeben;
- die gelernten Fachinhalte verstehen;
- erworbenes Wissen anwenden.

Zur Erarbeitung der Kenntnisse und Fertigkeiten sowie zur **Kontrolle des Lernerfolgs** stehen den Lehrenden und Lernenden WissensChecks, TrainingsBoxen und Abschlusstests („Ziele erreicht?“) zur Verfügung.

### WissensCheck, TrainingsBox, Ziele erreicht?

Die WissensChecks, TrainingsBoxen und „Ziele erreicht?“-Aufgaben sind ebenfalls nach dem **Kompetenzmodell** mit den Farben Blau, Rot und Schwarz **gekennzeichnet.**

So unterscheidet man zwischen Aufgaben, bei denen die Schüler/innen

- die gelernten Fachinhalte wiedergeben;
- die gelernten Fachinhalte verstehen;
- erworbenes Wissen anwenden.

### So einfach geht's! – „Aufzählungen und Nummerierungen“

Anhand eines durchgängigen Demo-Beispiels erlernst du spielerisch den Umgang mit dem Textverarbeitungsprogramm WORD.

### DAS SOLLTEST DU SPEICHERN

**Besonders Wichtiges** wird in Merksätzen **hervorgehoben.** Sie unterstützen dich beim Lernen.

**WortschatzBoxen** helfen dabei, die wichtigsten Begriffe eines Kapitels zu festigen.

**WissensChecks** können mithilfe der Informationen aus dem Buchtext beantwortet werden.

**TrainingsBoxen** erfordern die praktische Umsetzung des Wissens und verlangen zum Teil eigene kreative Lösungsansätze. Sie helfen den Lernenden, die Kenntnisse und Fertigkeiten zu festigen.

**„Ziele erreicht?"-Aufgaben** am Ende eines Kapitels ermöglichen den Lernenden, selbst festzustellen, inwieweit sie in ihrem Lernprozess erfolgreich waren. Der Kompetenzzuwachs wird aufgezeigt.

**Kompetenzen erworben?**
Kreuze aufgrund der durchgeführten „Ziele erreicht?"-Aufgaben an, ob du die Kompetenzen
**zur Gänze**
**überwiegend** oder
**(noch) nicht ausreichend**
erworben hast. Wiederhole den jeweiligen Lehrstoff im Buch, falls du einzelne Ziele noch nicht erreicht hast.

Folgende weitere Piktogramme unterstützen das Lehren und Lernen:

für Schritt-für-Schritt-Anleitungen

für Aufgabenstellungen

für Diskussionsaufgaben

für Wissenswertes und Tipps

„Achtung!"

für Verknüpfungen zu anderen Gegenständen, Kapiteln oder Internetlinks

Bitte speichern!

für Videos, die mittels QR-Code bzw. Link aufgerufen werden können

für Downloads aus der TRAUNER-DigiBox (www.trauner-digibox.com)

STARTEN SIE IHR DIGITALES ZUSATZPAKET ZUM BUCH!

In der TRAUNER-DigiBox (www.trauner-digibox.com) finden Sie Ihr persönliches E-Book und die Zusatzmaterialien zum Buch:

- www.trauner-digibox.com aufrufen
- Einmal kostenlos registrieren
- Ihr digitales Zusatzpaket mit **Lizenz-Key** auf der Rückseite des Buches freischalten

# Inhaltsverzeichnis

Du findest

**Tipp für Tipp zum Schreibprofi/**
Seite 8

**Textgestaltung in WORD/**
Seite 33

# Tipp für Tipp zum Schreibprofi

Weitere Übungen findest du in der TRAUNER-DigiBox.

Die Arbeit mit dem Computer hat sich in den letzten Jahren rasant entwickelt und erweitert. Heute ist der Computer in vielen Bereichen nicht mehr wegzudenken. Schnell und fehlerfrei zu tippen ist dabei stets Grundvoraussetzung.

Wenn du richtig gut tippen kannst, wirst du mit deinen Hausaufgaben, Referaten und allem anderen am Computer viel schneller fertig und hast mehr Zeit für andere Dinge.

In diesem Kapitel lernst du den effizienten Umgang mit der PC-Tastatur. Die praktischen Übungen für das Zehn-Finger-System findest du in der TRAUNER-DigiBox.

KOMPETENZ-ERWERB

**Meine Ziele**

Nach Bearbeitung dieses Kapitels

- kenne ich das Tastenfeld am Computer und
- kann zügig und fehlerfrei Texte eingeben.

# 1 Tastenfeld kennen

Jana überlegt: „Jetzt habe ich meinen Computer schon so lange, aber noch nie habe ich mir Gedanken darüber gemacht, dass ich das Tippen richtig lernen könnte. So richtig mit Blind-Tippen und so. Damit man nicht ständig auf die Tastatur schauen muss. Dabei würde man sich viel Zeit sparen und weniger Fehler machen!"

Besprecht gemeinsam, wer von euch schon blind tippen kann. Überlegt, warum sich das lohnen würde.

Schau dir deine PC-Tastatur einmal genauer an. Die verschiedenen Tasten sind zu Einheiten zusammengefasst.

**DAS SOLLTEST DU SPEICHERN**

Eine PC-Standardtastatur ist in folgende Blöcke unterteilt:

- Hauptblock mit Buchstaben, Ziffern, Leertaste und Umschalttasten;
- Cursorblock mit Richtungstasten und Sondertasten
- Numerischer Tastenblock mit Zifferntasten und Rechensymbolen
- Zwölf Funktionstasten mit [Esc]-Taste ganz oben

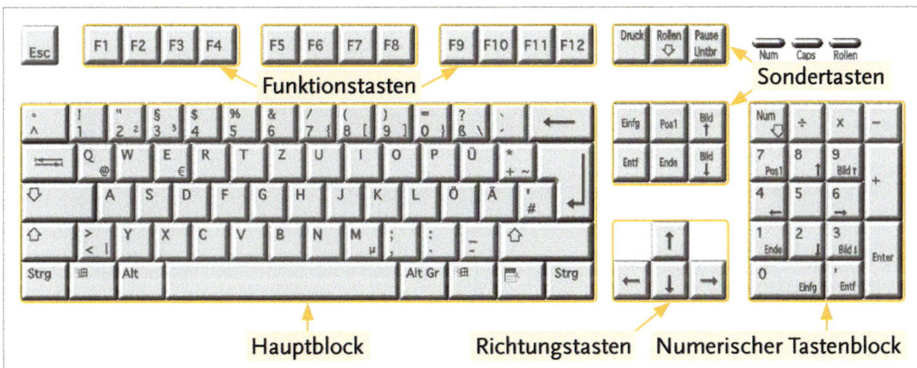


Die **Einfügemarke (Cursor, Positionsanzeiger)** ist ein blinkender senkrechter Strich, der dir die aktuelle Schreibposition im Text anzeigt. Er sieht meist so aus: |

Dies sind die wichtigsten Tasten der PC-Tastatur und ihre Funktionen:

Eingabetaste (Return- bzw. Entertaste) – macht Zeilenumbrüche und Eingabebestätigungen.

Umschalttaste (Shifttaste) – für die Zweitbelegung von Tasten (z. B. Großschreibung).

Escapetaste ([Esc]) – Abbrechen, damit kannst du zur vorherigen Bildschirmmaske zurückkehren, ohne eine Eingabe zu machen.

Alternativetaste ([Alt]) – in Kombination mit anderen Tasten können verschiedene Funktionen oder Befehle ausgeführt werden ([Alt] + [F4] schließt z. B. dein Dokument).

|  |  |
|---|---|
| [Strg] | **Steuerungstaste** ([Strg] oder [Ctrl] = Controltaste) – ebenfalls für Tastenkombinationen (z. B. [Strg] + [C] kopiert einen markierten Text in den Zwischenspeicher). |
| [Alt Gr] | **Alternative Grafiktaste** ([Alt Gr]) – So erreicht man die Tastatur-Drittbelegung auf einer Taste, z. B. das €-Zeichen beim Drücken der Taste [E]. |
| [←] | **Löschentaste** (Backspacetaste) – löscht das Zeichen links von der Einfügemarke (Cursor). |
| [Entf] | **Entferntaste** ([Entf]) – löscht das Zeichen rechts von der Einfügemarke bzw. einen markierten Textteil. |
| [↑] [↓] [←] [→] | **Richtungstasten** – bewegen die Einfügemarke in verschiedene Richtungen. |
| [F1] bis [F12] | **Funktionstasten** – für unterschiedlichste Funktionen. |

## TrainingsBox – „Tastenfeld kennen"

■ Welche Einsatzmöglichkeiten passen zu welchem Bereich? Verbinde die Kästchen mit den richtigen Tasten.

|  |  |
|---|---|
| 1 **Alternativetaste** ([Alt]) – in Kombination mit anderen Tasten können verschiedene Funktionen oder Befehle ausgeführt werden. | [F1] bis [F12] |
| 2 **Richtungstasten** – bewegen die Einfügemarke in verschiedene Richtungen. | [↵] |
| 3 **Entferntaste** ([Entf]) – löscht das Zeichen rechts von der Einfügemarke bzw. einen markierten Textteil. | [Alt Gr] |
| 4 **Funktionstasten** – für unterschiedlichste Funktionen. | [Entf] |
| 5 **Steuerungstaste** ([Strg]) – für Tastenkombinationen. | [Esc] |
| 6 **Escapetaste** ([Esc]) – Abbrechen. | [⇧] |
| 7 **Löschentaste** (Backspacetaste) – löscht das Zeichen links von der Einfügemarke. | [Strg] |
| 8 **Alternative Grafiktaste** ([Alt Gr]) – So erreicht man die Tastatur-Drittbelegung auf einer Taste. | [↑] [↓] [←] [→] |
| 9 **Eingabetaste** (Return- bzw. Entertaste) macht Zeilenumbrüche und Eingabebestätigungen. | [←] |
| 10 **Umschalttaste** (Shifttaste) – für die Zweitbelegung von Tasten | [Alt] |

# 2 Zügig Texte eingeben

Ilker schreibt einen Beitrag auf Instagram. Zum hundertsten Mal stolpert er über seine beiden Einzel-Tipp-Finger. Er flucht, weil er so langsam ist. „Vielleicht sollte ich doch dieses Zehnfingersystem lernen? Die anderen sind beim Tippen immer viel schneller als ich!“

Besprecht gemeinsam, ob ihr mit einer Zwei-Finger-Such-Methode tippt oder mit dem Zehn-Finger-System. Welche Vorteile hat das letztgenannte?

## 2.1 Wichtige Tipps, um zum Schreibprofi zu werden

Wenn du einfach und auf spielerische Weise das Zehnfingersystem lernen möchtest, steht dir das innovative Tastaturlernprogramm **Multimedia-Typing** zur Verfügung. Du kannst aber auch die folgenden in diesem Buch enthaltenen **Tippübungen** nutzen. Beim **Tippen** helfen auf jeden Fall die folgenden Vorschläge!

1. **Achte auf die richtige Sitzposition.**
2. **Versuche, die Texte blind abzuschreiben.**
3. **Schreibe in gleichmäßigem Tempo.**
4. **Mach regelmäßig die folgenden Übungen:**

### Augenübung:

- Reibe die Hände und bedecke dann die Augen.
- Atme ruhig und tief weiter.
- Augen ca. 30 Sekunden bedeckt halten. Du kannst die Augen auch schließen.

FILM AB!

In diesem Video siehst du, wie du diese Übungen richtig machst.
www.trauner.at/schreibprofiwerden

### Nackenübung:

- Sitz aufrecht und schau nach vorne.
- Drehe den Kopf langsam über die linke Schulter.
- Drehe den Kopf wieder langsam zurück.
- Mach diese Bewegung in die andere Richtung.
- Wiederhole diese Übung dreimal.

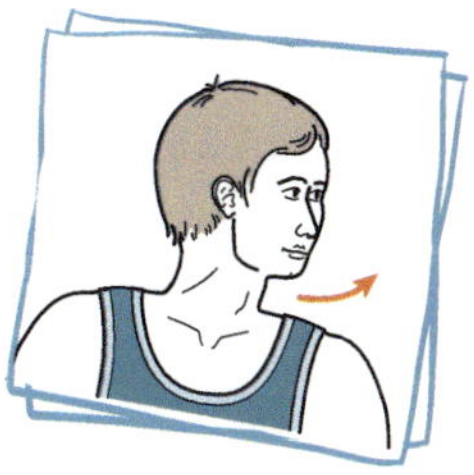

### Doppelkinnübung:

- Sitz aufrecht und schau nach vorne.
- Schieb das Kinn nach vorne und wieder zurück.
- Wiederhole diese Übung fünfmal. Mach dazwischen kurze Pausen und lockere deine Schultern aus.

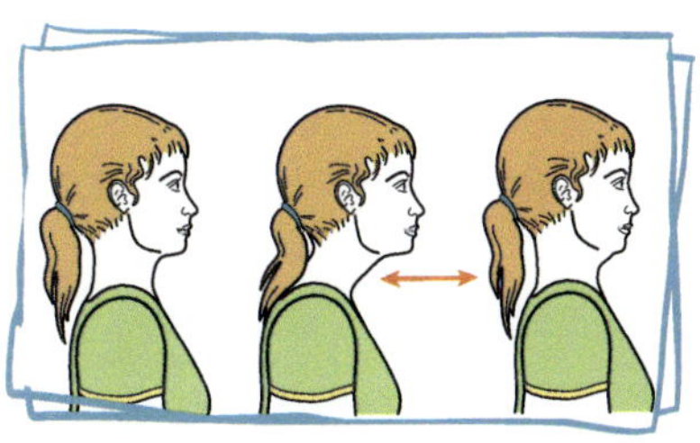

### Trainieren, ohne zu ermüden:

- Mache zwischen den einzelnen Abschnitten kurze Pausen.
- Lehne dich kurz zurück, schüttele die Hände aus, wende den Blick vom Bildschirm ab und kreise die Schultern.
- Achte auf die korrekte Sitz- und Schreibposition, bevor du die Arbeit wieder beginnst.

Tipp für Tipp zum Schreibprofi

## 2.2 Training mit Multimedia-Typing

Trainieren Sie das Zehnfingersystem mit dem **Tastaturlernprogramm Multimedia-Typing** ganz einfach und ohne Installation. Sie benötigen nur einen Internetzugang sowie einen aktuellen Browser.

Starten Sie Multimedia-Typing unter www.mm-typing.at und loggen Sie sich mit Ihrem Code ein.

**Aha!**

- Ab **Bestellung eines Klassensatzes** dieses Buches erhalten Sie für ein Schuljahr einen **kostenlosen Zugang zur Vollversion.** Dadurch nutzen Sie unentgeltlich die zahlreichen Vorteile der Schüler/innen-Verwaltung.
- Zusätzlich genießen die Schüler/innen mit dem Code MMT weiterhin den dauerhaft **kostenlosen, nicht personalisierten Zugang zur Basis-Version.** Diese bietet den vollen Übungsumfang, jedoch ohne Speichermöglichkeit.

### Tippen Sie los! Ihr Plus zum Schulbuch

So fordern Sie die kostenlose Vollversion für Ihre Klasse(n) an:

- Die Mitarbeiter/innen unseres Buchservices stehen Ihnen gerne zur Verfügung: buchservice@trauner.at, Tel.: +43 732 77 82 41-0.
- Geben Sie die Anzahl der Schüler/innen pro Lehrer/in, Ihre Schulkennzahl sowie evtl. Ihren Schulbuchhändler bekannt.
- Sie erhalten Ihren Zugangscode zur Schüler/innen-Verwaltung und können Ihre Schüler/innen selbst eintragen.
- Weitere Informationen sowie detaillierte Anleitungen zum Programm und zur Verwaltung finden Sie unter www.mm-typing.at.

### Ihre Vorteile in der Vollversion

**IMMER VERFÜGBAR**
Übungsstatus und Ergebnisse werden online gespeichert und sind immer verfügbar – unabhängig davon, auf welchem PC trainiert wird.

**ALLES IM BLICK**
Lehrkräfte können online in der Verwaltung erkennen, wann welche Übung absolviert wurde und welche Fehler gemacht wurden.

**SO INDIVIDUELL, WIE SIE WOLLEN**
Lehrkräfte können schnell und einfach eigene Texte und Übungen über Multimedia-Typing zur Verfügung stellen.

**STICKER SAMMELN ALS ÜBUNGSANREIZ!**
Für jede positiv absolvierte Übung kann ein Bild in das persönliche Bilderalbum geklebt werden – für mehr Motivation beim Üben.

**STELLEN SIE SICH VOR ...**
Eine Geschichte aus der Lebenswelt der Schüler/innen verstärkt spielerisch die audiovisuelle Verknüpfung von Bild, Farbe und Ton.

Zusatzinfo für Lehrerinnen und Lehrer

## 2.3 Tippübungen

### 2.3.1 Grundreihe  a s d f  j k l ö

**Linke Hand**
- a kleiner Finger
- s Ringfinger
- d Mittelfinger
- f Zeigefinger
- Daumen

Leertaste

**Rechte Hand**
- j Zeigefinger
- k Mittelfinger
- l Ringfinger
- ö kleiner Finger
- Daumen

Wenn du die Finger auf die Tasten asdf jklö legst, so nennt man das **„Grundstellung“.** Welche Taste du auch antippst, der Finger wandert nach dem Tippen wieder in die Grundstellung zurück. Zum einfachen Wiederfinden sind die Tasten „f“ und „j“ mit einer Einkerbung oder Erhöhung versehen. Probiere das aus!

Verwende für die Erarbeitung der Griffe die **Standardränder** und die **Standardschriftart Calibri.** Stelle die **Schriftgröße** auf **12 Punkt** ein. Hat ein Wort in einer Zeile nicht mehr Platz, wird das ganze Wort automatisch in die nächste Zeile verschoben.

⚠ Um eine **Leerzeile einzufügen,** musst du die Eingabetaste mit dem rechten kleinen Finger drücken.

### TrainingsBox – „Grundreihe  a s d f  j k l ö“

**1. Griffübungen**

1 fff fff fff jjj jjj jjj fff jjj fff jjj ff ff ff jj jj jj ff jj ff jj ff jj f f f j j j f j f j f j fff ff f jjj jj j ff f jj j f j f j f j f
2 ddd ddd kkk kkk ddd kkk ddd kkk dd dd kk kk dd kk dd kk d d k k d k d k kk dd kk dd k d k d k

3 sss sss sss lll lll lll sss lll sss lll ss ss ss ll ll ll ss ll ss ll s s s l l l s l s l s l sss ss s lll ll l sss ss s ll l ss s
4 aaa aaa ööö ööö aaa ööö aaa ööö aa aa aa öö öö öö aa öö aa öö a ö a ö aa öö aa a öö ö a ö a

5 fjf fjf fjf jfj jfj jfj fjf fjf fjf jfj jfj jfj fj fj fj jf jf jf fj fj fj jf jf jf fjf fjf fjf jfj jfj jfj jf jf fj fj jf jf ffj jjf ffj jjf ffj
6 dkd dkd dkd kdk kdk kdk dkd dk kdk kd dk dk kd kd dk dk kd kd kdk dkd kd dk kdd dkk kkd dk

7 sls sls sls lsl lsl lsl sls sls sls lsl lsl lsl sl ls sl ls sl ls sls lsl sls lsl sl ls sl ls sls lsl sls lsl sl lsl sls lls ssl
8 aöa aöa aöa öaö öaö öaö aö öa aö öa aö öa aöa öaö aöa öaö aö öa aö öa aö öa aaö ööa aaö

**2. Wortübungen**

9 ja öd ja öd ja öd ja öd ja öd ja öd ja öd ja öd öl da öl da öl da öl da öl da öl da öl da öl da öl da
10 las das lad aas lös fad all las das lad aas lös fad all las das lad aas lös fad all las das lad fad lös
11 fall lass falk kalk fass saal faak kaff fall lass falk kalk fass saal faak kaff lass kalk fall lass falk

12 falls kalkfass skala kassa alaska jaffa kajak dallas ölfass jaffaöl falls skala alaska dallas kassa
13 ölfass jaffa falls kajak alaska kalkfass falls kassa falls kajak kalkfass jaffaöl alaska kassa skala

**3. Profitext**

14 kalk ja fass skala fad alaska öl kaff saal kajak falls aas lös kassa jaffa ölfass das öl öd saal fad
15 kalk falls skala kalkfass kajak fall lös lad alaska das all ölfass dallas da lass kajak falls dallas öl
16 kaff alaska ölfass kalkfass skala aas lös als dallas kajak jaffa fass kalk ölfass kajak saal kaff fass

17 alaska aas lös falls kalk fass dallas jaffa kaff alaska jaffaöl ölfass saalkassa kalkfass falls skala
18 kajak kaff aas dallas aal skala lös fass las falls kajak falls dallas ölfass kalk kassa das saal lad öl

Das **Satzzeichen** wird direkt an den letzten Buchstaben angeschlossen. Danach folgt ein Leerzeichen.

**Vor** dem Satzzeichen wird **kein Leerzeichen,** nach dem Satzzeichen wird **ein Leerzeichen** gesetzt.

## 2.3.2 Griffe e i ,

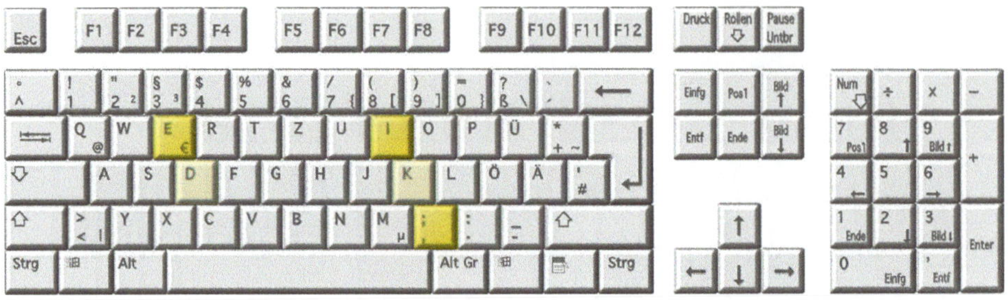


**Linke Hand**
e Mittelfinger

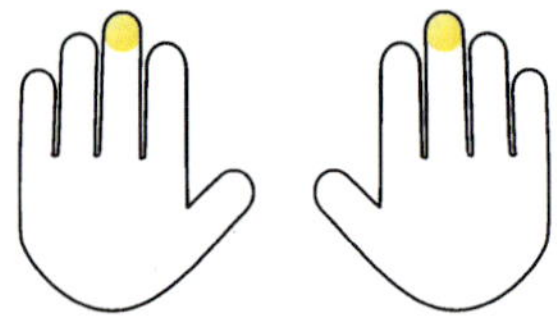

**Rechte Hand**
i Mittelfinger
, Mittelfinger

## TrainingsBox – „Griffe e i ,"

**1. Griffübungen**

1 ded ded ded ede ede ede ded ded ded ede ede ede ded ded de ed de ed de ed dee edd dee
2 iki iki iki kik kik kik iki iki iki kik kik kik iki iki iki kik kik kik ki ik ki ik ki ik ki ik ki ik iik kki iik kki iik

3 k, k, k, k, k, k, k, k, k, k, ki, ki, ki, ki, ki, ki, ki, ki, ki, ki, ki, k, k, k, k, k, k, k, k, k, k, k, ik, ik, ik, ik,
4 ded, ede, ded, ede, de, ed, de, ed, dde, eed, dde, kik, iki, kik, iki, kik, iki, kik, iki, kik, ik, ki, ik,

**2. Wortübungen**

5 sie, des, sei, fee, lid, eis, eid, ede, see, sie, des, sei, fee, eis, eid, ede, see, des, lid, sie, des, sei,
6 kleid, kies, leise, seife, lied, leid, lies, diele, feile, dieses, fiel, diese, leide, seil, diele, seife, lies,

7 fell, isa, assel, safe, esel, kessel, isaak, kasse, klee, löse, esel, isaak, kleie, eifel, esel, eifel, fell,
8 löse, klee, safe, ida, eile, kessel, kleie, assel, isa, esel, klee, ida, safe, klee, löse, fell, feile, eifel,

9 idee, elf, eile, lilie, dieselöl, feld, seil, klasse, sessel, seide, kai, öde, jede, feile, ideell, fell, elf,
10 safe, kleefeld, ölkessel, falke, klasse, filiale, diese, dieselöl, ideell, leise, esse, kies, fiel, seife,

11 das eis, der eid, die fee, die klasse, die feile, die seife, die kleie, die falle, das dieselöl, das fell,
12 das eis, das kleefeld, die idee, die elfe, die falle, die fee, die kasse, die lilie, die falle, die seile,

13 das eis, das seil, die lilie, die kasse, die filiale, die klasse, die fee, die feile, das seil, die seife,
14 das dieselöl, das feld, das fell, die assel, die kleie, die kassa, das kleefeld, die falle, die idee,

**3. Profitext**

15 das fell, die feldlilie, die diele, die feile, das kleid, die idee, die eile, das öl, das eis, diese feile,
16 das lied, sei leise, des eides, das fell, das seil, die idee, die diele, das dieselöl, die feldlilie, die
17 seife, das lied, die seide, das kleid, die diele, das ei, die diele, das kleid, die feldlilie, die feile,

18 diese diele, diese feile, dieses kleid, dieses seil, diese idee, diese feile, dieses kleid, diese falle,
19 diese seife, dieses lied, diese seide, diese lilie, dieses ei, diese seife, dieses eis, diese eile, dies

Weitere Übungen findest du beim Tastaturlernprogramm in der TRAUNER-DigiBox und auf www.mm-typing.at.

### 2.3.3 Griffe g h

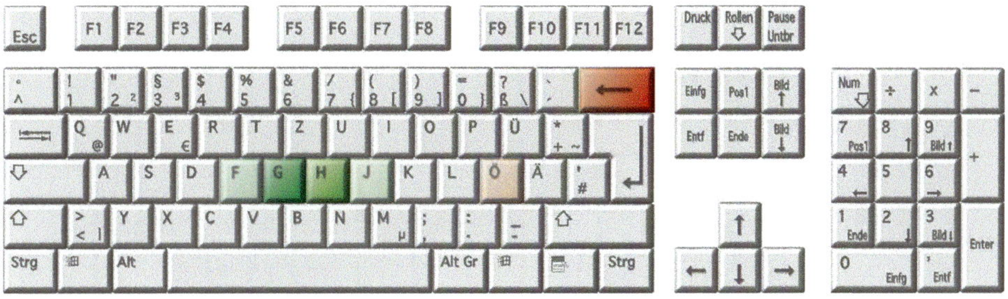


**Linke Hand**
g Zeigefinger

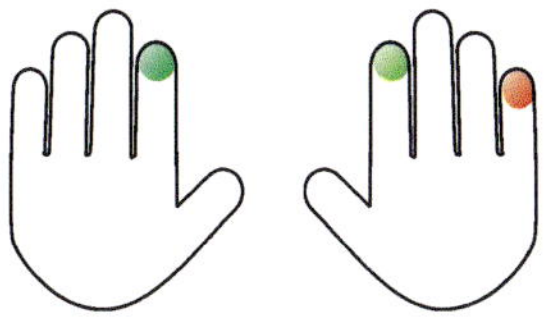

**Rechte Hand**
h Zeigefinger
← kleiner Finger

⚠ Um einen **falschen Buchstaben sofort korrigieren** zu können, tippe mit dem rechten kleinen Finger auf die Löschentaste, auch Backspace-Taste genannt.

## TrainingsBox – „Griffe g h"

**1. Griffübungen**

1 ggg gg g gg ggg fgf fgf fgf gfg gfg gfg fgf fgf fgf gfg gfg gfg fg fg fg gf gf gf fg gf fg ffg ffg ggf ggf
2 hhh hh h hh hhh hjh hjh hjh jhj jhj jhj hjh hjh hjh jhj jhj jhj hj hj hj jh jh jh hj jh hj jjh hhj jjh hhj

3 aga aga gag gag sgs sgs gsg gsg dgd dgd gdg gdg fgf fgf gfg gfg ege ege geg geg gge eeg gge
4 öhö öhö höh höh lhl lhl hlh hlh khk khk hkh hkh jhj jhj hjh hjh ihi ihi hih hih ihi iih hhi iih hhi

**2. Wortübungen**

5 hai, gas, sah, gel, lag, sah, gas, aha, gag, sah, geh, hai, gas, sah, lag, aha, gel, hai, gas, sah, lag,
6 hass, kahl, hase, sieh, hals, allah, flieh, hege, leihe, haie, sehe, hefe, fliehe, halle, hell, gelse,
7 jage, glas, flieg, gala, alge, klage, gelse, sage, geld, gasse, lage, jage, galle, flagge, gas, hege

8 hass, sage, hai, gel, gasse, hase, glas, sehe, flagge, allah, flieh, gelse, halle, hass, hege, fliege,
9 leihe, gala, hefe, geld, sah, lag, hai, gasse, hals, galle, kahl, flagge, hell, gala, sah, hefe, gasse,
10 gehe, gala, eifel, sah, heile, gelse, kai, lilie, flieh, lage, halle, gasse, gas, ida, sah, hege, flagge,

11 die galle, die fliege, die gasse, die klage, das glas, das segel, das gehege, die hefe, die flagge,
12 die gala, das geld, die haie, die gala, die halle, die gelse, die lage, die haie, das geld, das gas,
13 die feldlilie, die hefe, das gehege, die fliege, die sage, die hefe, die gasse, die flagge, das gel,

**3. Profitext**

14 die gala, sei leise, die halle, das öl, das glas, die seide, die hefe, das kleid, das gel, die lilie, die
15 haie, das segel, das lied, die halle, das fell, die lage, die idee, die haie, die höhle, die fliege,
16 die lilie, die halle, das segel, die fliege, das gehege, das gel, die geisel, die gelse, die höhle,

17 die halle, das gas, die gasse, die höhle, die galle, die hefe, das geld, die haie, die klage, die
18 haie, die flagge, die gasse, die sage, die höhle, das gehege, die gelse, die halle, die fliege,

Weitere Übungen findest du beim Tastaturlernprogramm in der TRAUNER-DigiBox und auf www.mm-typing.at.

### 2.3.4 Großschreibung

**Großschreibung:**

- Umschalttaste gedrückt halten und den gewünschten Buchstaben antippen
- Umschalttaste loslassen

Für **dauerhaftes Großschreiben** drücke die **Feststelltaste.**

## TrainingsBox – „Großschreibung"

**1. Griffübungen**

1 Fö Ja Fö Ja Fö Ja Fö Ja Fö Ja Fö Ja Fö Ja Fö Ja Fö Ja Fö Ja Fö Ja Fö Ja Fö Ja Fö Ja Fö Ja Fö Ja
2 Dö Ka Dö Ka Dö Ka Dö Ka Dö Ka Dö Ka Dö Ka Dö Ka Dö Ka Dö Ka Dö Ka Dö Ka Dö Ka Dö Ka Dö Ka Dö

3 Sö La Sö La Sö La Sö La Sö La Sö La Sö La Sö La Sö La Sö La Sö La Sö La Sö La Sö La Sö La Sö La
4 Aö Öa Aö Öa Aö Öa Aö Öa Aö Öa Aö Öa Aö Öa Aö Öa Aö Öa Aö Öa Aö Öa Aö Öa Aö Öa Aö Öa Aö Öa

5 Iö Ea Hö Ga Iö Ea Hö Ga Iö Ea Hö Ga Iö Ea Hö Ga Iö Ea Hö Ga Iö Ea Hö Ga Iö Ea Hö Ga Iö Ea Hö
6 Fö Ja Dö Ka Sö La Aö Öa Gö Ha Eö Ia Fö Ja Dö Ka Sö La Aö Öa Gö Ha Eö Ia Fö Ja Dö Ka Sö La

**2. Wortübungen**

7 Klage Gas Alge Glas Ei Hai Kleid Fee Aal Gel Hals Idee Leid Fass Lade Kiel Haie Aas Fass Gas Eis
8 Sage Kelle Seil Felge Gala Kajak Feile Hefe Diele Gelse Segel Kleid Lied Klasse Höhle Feile Eifel
9 Höhle Sessel Löffel Fassade Kaffee Gehilfe Diesel Klassik Skala Gehege Feldlilie Klassik Sessel

10 die Hölle, die Gala, die Hefe, das Ei, das Segel, die Alge, das Gel, die Höhle, das Kleid, das Gas,
11 das Seil, die Klage, die Felge, die Klasse, die Höhle, die Gelse, die Skala, das Gehege, das Lied,
12 die Fassade, die Löffel, die Feile, das Segel, die Idee, die Fassade, die Höhle, die Gasse, das Ei,

**3. Profitext**

13 die Idee, das Glas, das Kleefeld, die Gelse, die Klage, die Haie, das Segel, die Gasse, die Sage,
14 die Klassik, das Gehege, die Skala, das Kleid, die Hefe, die Fassade, die Höhe, die Feile, das
15 Siegel, die Diele, das Glas, die Feldlilie, die Hölle, die Klage, das Dieselöl, das Kleid, die Gelse,

16 die Hefe, die Fassade, die Höhle, das Leid, die Klasse, die Alge, die Löffel, die Gasse, das Fass,
17 das Segel, die Eile, die Klasse, die Skala, die Feile, das Lied, die Hölle, das Siegel, das Gehege,

Weitere Übungen findest du beim Tastaturlernprogramm in der TRAUNER-DigiBox und auf www.mm-typing.at.

### 2.3.5 Griffe r u 5 8

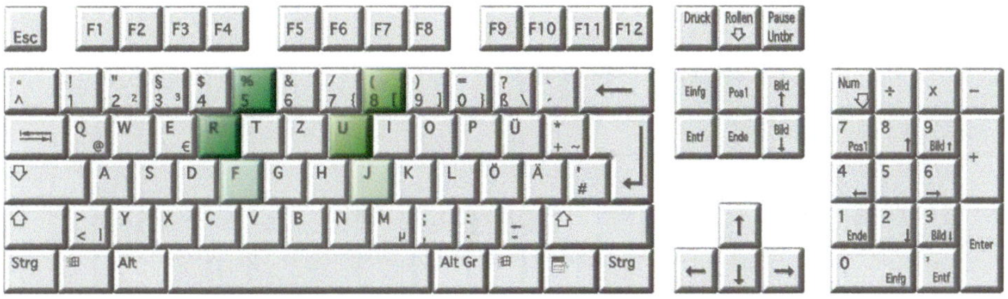

**Linke Hand**
r Zeigefinger
5 Zeigefinger

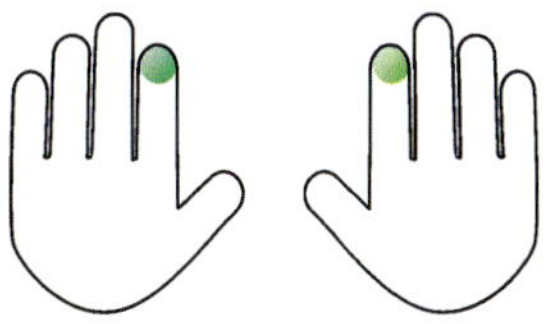

**Rechte Hand**
u Zeigefinger
8 Zeigefinger

## TrainingsBox – „Griffe r u 5 8“

**1. Griffübungen**

1 frf frf frf rfr rfr rfr frf frf frf rfr rfr rfr frf frf frf rfr rfr rfr frf frf frf rf fr rf fr rf fr rf fr rrf ffr rrf ffr
2 juj juj juj uju uju uju juj juj juj uju uju uju juj juj juj uju uju uju ju uj ju uj ju uj ju jju uuj jju uuj

3 fr5 fr5 fr5 5rf 5rf 5rf r5f r5f r5f 5fr 5fr 5fr rf5 rf5 rf5 f5r f5r f5r fr5 5rf r5f 5fr rf5 fr5 rf5 fr5 rf5
4 ju8 ju8 ju8 8uj 8uj 8uj j8u j8u j8u u8j u8j u8j 8ju 8ju 8ju uj8 uj8 uj8 ju8 8uj u8j j8u u8j j8u ju8

**2. Wortübungen**

5 der die das, die ihr sei, als auf aus, auf dir aus, lag rar, er sie, auf aus als, er lag, der er, er dir,
6 hier, ihr, sehr, klar, frei, drei, rauf, rufe, klug, grell, darf, eure, reif, rede, höre, rege, rufe, her,
7 heraus, ruhig, feurig, haarig, dieser, riesig, gerade, heuer, darauf, sauer, heraus, jeder, urig,

**3. Wortgruppen**

8 die Regale, die Ausdauer, der Griff, der Kuss, die Rede, das Radar, die Freude, die Reise, die
9 Erde, der Kuss, die Seefahrer, das Haus, die Kleider, die Riffe, der Keil, die Griffe, die Rede,
10 das Kaufhaus, die Ruhe, die Lehrer, die Reeder, die Kurse, die Ausdauer, das Erdöl, die Laus,
11 die Auslese, der Kreis, die Uhr, die Regel, der Ausruf, das Ruder, der Guss, der Kurs, die Erde,

**4. Zahlentraining**

12 5 Regale, 55 Ausrufe, 555 Lehrer, 5 Kurse, 55 Griffe, 555 Kleider, 5 Fahrer, 55 Riffe, 555 Rufe,
13 8 Riffe, 88 Felder, 888 Rufe, 8 Reeder, 88 Lieder, 888 Helfer, 8 Seefahrer, 8 Kurse, 888 Felder,
14 858 Geier, 85 Lehrer, 8 Helfer, 58 Felder, 855 Riffe, 58 Fahrer, 58 Rufe, 85 Griffe, 58 Ruderer,

**5. Profitext**

15 auf der Lauer, 858 Lieder, das helle Feuer, 58 Kurse, der ruhige Fahrer, 8 Rufe, eile hierher,
16 fahre geradeaus, 85 Seile, Rudi fuhr Fahrrad, 5 Lager, er fiel heraus, Klaus fuhr auf der Gasse,
17 das grelle Kaufhaus, 55 Griffe, das helle Regal, der kluge Geier, die freie Rede, der graue Uhu,

18 das riesige Feld, heuer fuhr Gerda, das sehr ruhige Segel, das urige Haus, dieses rissige Leder,
19 88 Felder, sie fuhr herauf, 5 Fahrer, das grelle Kleid, 85 Kurse, die riesige Uhr, 885 Ausrufe

Weitere Übungen findest du beim Tastaturlernprogramm in der TRAUNER-DigiBox und auf www.mm-typing.at.

## 2.3.6 Griffe t z 6 7

**Linke Hand**
t Zeigefinger
6 Zeigefinger

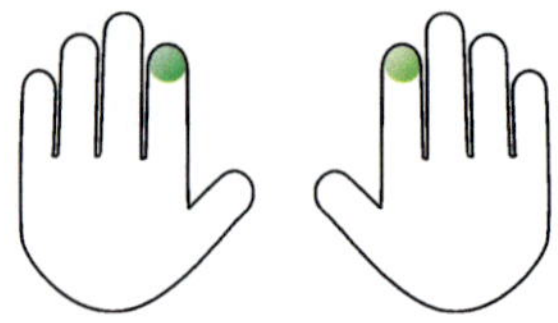

**Rechte Hand**
z Zeigefinger
7 Zeigefinger

## TrainingsBox – „Griffe t z 6 7"

### 1. Griffübungen

1 ftf ftf ftf tft tft tft ftf ftf ftf tft tft tft ftf ftf ftf tft tft tft ftf ftf ft tf ft tf ft tf ft tf ft tf fft ttf fft ttf
2 jzj jzj jzj zjz zjz zjz jzj jzj jzj zjz zjz zjz jzj jzj jzj zjz zjz zjz jzj jz zj jz zj jz zj jz zj jz zj jz zj jjz zzj jjz zzj

3 ft6 ft6 ft6 tf6 tf6 tf6 6ft 6ft 6ft 6tf 6tf 6tf f6t f6t f6t t6f t6f t6f ft6 6ft f6t tf6 6tf t6f f6t tt6 f6 t6
4 jz7 jz7 jz7 zj7 zj7 zj7 7jz 7jz 7jz 7zj 7zj 7zj z7j z7j z7j z7j z7j j7z j7z j7z jz7 7jz z7j j7z zz7 jj7 7z 7j

### 2. Wortübungen

5 ist, hat, zur, tat, gut, tut, ist, hat, zar, tat, gut, tut, ist, hat, zur, tat, gut, tut, ist, zur, tat, zar,
6 kalt, zart, seit, geht, zerrt, ruft, öfter, liegt, still, zart, löst, fast, zahlt, straft, hört, sagt, ruht,
7 hurtig, salzig, fertig, heute, jetzt, zeitig, stark, herzig, luftig, teerhaltig, geizig, sulzig, duftig,

### 3. Wortgruppen

8 die Zarge, die Taktik, der Eilzug, der Zusatz, die Tasse, die Zusatzzahl, das Gesetz, der Zug, die
9 Katze, das Ziel, der Teller, die Luft, die Zahl, die Karte, das Teerfass, die Glatze, die Zigarette,

10 die Hitze, die Zufahrt, das Resultat, das Ziel, der Kredit, die Ziege, das Referat, der Test, die
11 Gesetze, die Zehe, der Teiler, der Zeiger, das Teerfass, die Seite, das Harz, der Satz, die Zahl,

### 4. Zahlentraining

12 6 Tests, 66 Referate, 666 Ziele, 6 Hefte, 66 Harze, 666 Teller, 6 Heizer, 66 Tests, 66 Geizige,
13 7 Kredite, 77 Teller, 777 Gesetze, 7 Zeiger, 77 Teile, 777 Heizer, 7 Titel, 77 Leiter, 777 Ziele,

14 7 Tester, 67 Hefte, 667 Zeiger, 76 Teile, 677 Harze, 6 Gesetze, 76 Teller, 67 Leiter, 776 Ziele,
15 68 Kurse, 86 Gesetze, 87 Teller, 56 Löffel, 75 Fahrer, 78 Seile, 65 Tests, 68 Lehrer, 7 Referate,

### 5. Profitext

16 die klare Zusage, die kalte Luft, die Ratte lief heraus, sehr geehrter Herr Ratz, das starke
17 Herz, die ruhige Zugfahrt, Adele hatte es eilig, der geizige Lehrer, das fertige Referat, ihre
18 Taktik ist sehr klug, das teure Kleid ist da, Zita stört die steile Zufahrt, die zarte Seite,

Weitere Übungen findest du beim Tastaturlernprogramm in der TRAUNER-DigiBox und auf www.mm-typing.at.

### 2.3.7 Griffe b n .

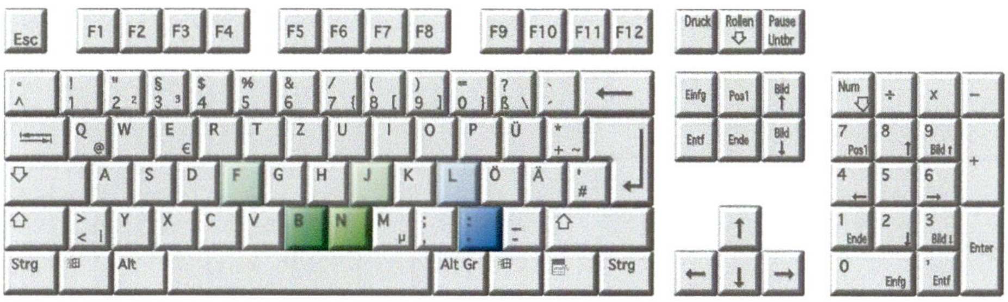

**Linke Hand**
b Zeigefinger

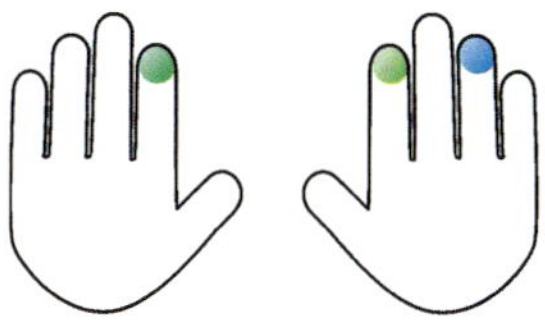

**Rechte Hand**
n Zeigefinger
. Ringfinger

**Automatisches Großschreiben nach dem Satzpunkt ausschalten**

- DATEI – OPTIONEN
- DOKUMENTPRÜFUNG – AUTOKORREKTUR-OPTIONEN...
- AUTOKORREKTUR – JEDEN SATZ MIT EINEM GROSSBUCHSTABEN BEGINNEN deaktivieren

## TrainingsBox – „Griffe b n ."

**1. Griffübungen**

1 fbf fbf fbf bfb bfb bfb fbf fbf fbf bfb bfb bfb fbf fbf fbf bf bf bf fb fb fb bf fb bf fb bbf ffb bbf
2 jnj jnj jnj njn njn njn jnj jnj jnj njn njn njn jnj jnj jnj njn njn njn nj jn nj jn nj jn nj jjn nnj jjn nnj

3 l. l. l. k, k, k, l. l. l. k, k, k, l. l. l. k, k, k, l. l. l. k, k, k, l. l. l. k, k, k, l. l. l. k, k, k, l. l. l. k, k, k, l. k, l. k,
4 a. s. d. f. g. h. e. r. t. z. u. i. b. n. j. k. l. ö. a. s. d. f. g. h. e. r. t. z. u. i. b. n. j. k. l. ö. a. s. d. f. g. h.

**2. Wortübungen**

5 neu. bin. nie. bis. nah. bös. nur. bei. neu. bin. nie. bis. nah. bös. nur. bei. nie. bis. neu. ab. an.
6 sein. bald. neun. blau. eine. aber. denn. halb. sein. bald. neun. blau. eine. aber. einer. beige.
7 Kalb. Naht. Blut. Nerz. Brief. Fund. Erbe. Null. Band. Ring. Bus. Nelke. Bauer. Hund. Narbe.

**3. Wortgruppen**

8 Der blaue Brief. Das graue Band. Das bunte Bild. Die gelbe Nelke. Die böse Frau. Das kleine
9 Kalb. Das blaue Fahrrad. Der ehrgeizige Neffe. Den Betrag bezahlen. Der junge Bauer. Unter
10 der Linde. Auf Kurzurlaub sein. Das billige Kleid tragen. Die Narbe sehen. Die alte Zange.

11 Gerne unter Leuten sein, bis Dienstag auf Urlaub sein, die Reise antreten, junge Leute
12 kennenlernen, den Kredit bezahlen, ruhige Zeiten erleben, ehebaldigst den Restbetrag
13 bezahlen, den billigen Ball kaufen, gut essen gehen, die Anzahl reduzieren, es bitter bereuen,
14 die Grenzen aufheben, keine Geduld haben, neue Freunde finden, ein braunes Kleid tragen.

**4. Profitext**

15 Bert stöbert bei seiner Tante in der Lade. Das Band ist lang. Das Bild ist bunt. Nala arbeitet
16 die einzelnen Aufgaben genau aus. Jetzt beginnt die ruhige Zeit. Das Bild ist fertig. Lena geht
17 gerne einkaufen. Der Kursbeitrag ist zu bezahlen. Benedikt isst im Restaurant. Anna und Hari
18 sind bis Dienstag auf Urlaub in Graz. Sie kann den niedrigeren Rabatt anbieten. Er feiert bald
19 seinen Geburtstag. Bettina liebt beige Nelken. Den Betrag erhöhen. Eine Burg bauen lassen.

Weitere Übungen findest du beim Tastaturlernprogramm in der TRAUNER-DigiBox und auf www.mm-typing.at.

### 2.3.8 Griffe v m

**Linke Hand**
v Zeigefinger

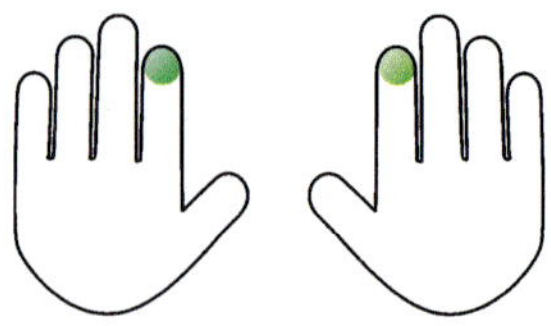

**Rechte Hand**
m Zeigefinger

## TrainingsBox – „Griffe v m“

**1. Griffübungen**

1 fvf fvf fvf vfv vfv vfv fvf fvf fvf vfv vfv vfv fvf fvf fvf vfv vfv vfv fv vf fv vf fv vf fv vf ffv vvf ffv vvf
2 jmj jmj jmj mjm mjm mjm jmj jmj jmj mjm mjm mjm jmj mj jm mj jm mj jm mj mmj jjm mmj
3 frf fvf fbf frf fvf fbf juj jnj jmj juj jnj jmj frf fvf fbf frf fvf fbf juj jnj jmj juj jnj jmj frf fvf fbf frf fvf

**2. Wortübungen**

4 mit, viel, mir, vif, mag, vage, mit. viel. mir. vif. mag. vage. mit, viel, mir, vif, mag, mit. viel.
5 matt, mehr, brav, beim, vier, samt, matt. mehr. brav. beim. vier. samt. matt, mehr, brav,

6 verdienen, verehren, vereinen, verbannen, verbergen, verarmen, verbessern, verzehren,
7 merken, mögen, mahnen, malen, markieren, meiden, misstrauen, meistern, mindern,

8 Vlies, Maske, Vertrag, Mahl, Verstand, Mieter, Versand, Musik, Verkauf, Murmel, Vase, Malz,
9 Villa. Meldezettel. Vermögen. Mahnmal. Verkehr. Magnet. Vase. Markt. Verein. Museum.
10 Vesuv, Mund, Vater, Mittelalter, Verrat, Minute, Venedig, Meister, Verbeugung, Meinung,
11 Vehikel. Mehrzahl. Variante. Miene. Verband. Merkmal. Verein. Mahnmal. Verzehr. Mutter.

**3. Wortgruppen**

12 der kurze Vers, der neue Vertrag, alles aus Meisterhand, der viele Verkehr, die markante
13 Vase, die massive Villa, die eiserne Maske, das viele Essen, der niedrige Verkauf, die karge
14 Mahlzeit, die Strafe vermindern, sehr bald den Verstand verlieren, kreative Namen,

**4. Profitext**

15 Valentina mag das kalte Klima in Finnland. Die Eisenbahn ist langsamer als das Flugzeug. Um
16 die Muskeln zu dehnen, muss man viel trainieren. Vinzenz lebt in Velden. Eva sagt Mimi ihre
17 Meinung. Viele Kinder tragen Markenkleidung. Das Vereinsleben in St. Veit nimmt rasant zu.
18 Vanessa kann ihr Lernniveau steigern. Die Familie kauft eine Villa. Manuel verlangt viel Geld.

Weitere Übungen findest du beim Tastaturlernprogramm in der TRAUNER-DigiBox und auf www.mm-typing.at.

## 2.3.9 Griffe c ; 4 9

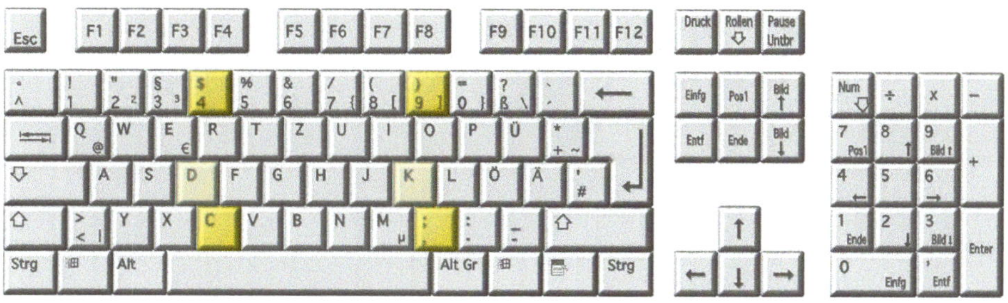


**Linke Hand**

c Mittelfinger

4 Mittelfinger

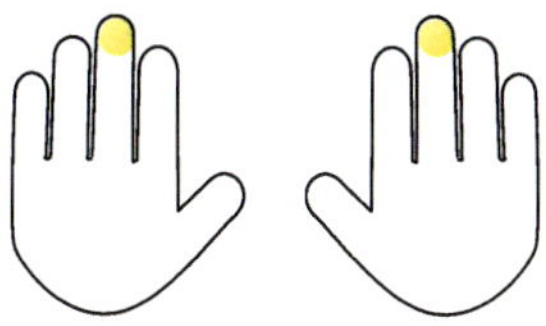

**Rechte Hand**

; Mittelfinger

(⇧-Taste links + Mittelfinger rechts)

9 Mittelfinger

⚠ **Vor** dem Satzzeichen wird **kein Leerzeichen, nach** dem Satzzeichen wird **ein Leerzeichen** gesetzt.

### TrainingsBox – „Griffe c ; 4 9"

**1. Griffübungen**

1 dcd dcd dcd cdc cdc cdc dcd dcd dcd cdc cdc cdc dcd dc cd dc cd dc cd dc cd dcc ccd ddc ccd
2 k; k; k; k; k; k; k; k; k; k; k; k; d; l; s; ö; a; e; i; r; u; t; z; v; m; b; n; j; f; h; g; k; c; a; i; r; u; t; z; v;

3 de4 de4 de4 ed4 ed4 ed4 4ed 4ed 4ed d4e d4e d4e e4d e4d e4d 4de 4de 4de 4ed 4ed 4ed
4 ki9 ki9 ki9 ik9 ik9 ik9 9ik 9ik 9ik i9k i9k i9k 9ki 9ki 9ki k9i k9i k9i ki9 9ik i9k 9ik i9k i9k i9k i9k

5 sch, sch; sch, sch; sch, sch; sch, sch; sch, sch; sch, ck; ck, ck; ck, ck; ck, ck; ck, ck; ck, ck; ck, ck;
6 ch, ch; ch, ch; ch, ch; ch, ch; ch, ch; ch, ch; ch, ch; cht, cht; cht, cht; cht, cht; cht, cht; cht, cht;

**2. Wortübungen**

7 echt; macht; recht; dick; schau; sich; ach; eckt; nach; nicht; reich; chic; flach; acht; ich; schön;
8 schlau; schlank; sachte; schreiben; lecker; schlimm; schrill; scharf; schmal; gedacht; schlecht;

**3. Wortgruppen**

9 den Lehrberuf Chemieverfahrenstechniker anstreben; die Schrift nicht lesen können; sich
10 vom Chauffeur chauffieren lassen; die gleichen Chancen haben; die Schularbeit verbessern;
11 ehrlich sein; nachts nicht gut schlafen können; in der schmalen Gasse fahren; das Fach nicht
12 mögen; Chemie studieren; Sachbearbeiterin in Linz sein; die Versicherung klagen;

**4. Zahlentraining**

13 4 Chemiker; 49 Maschinen; 9 Ecken; 499 Nachrichten; 494 Sachbearbeiter; 9 Schularbeiten;
14 944 Versicherungen; 4 499 Sachen; 4 Chancen; 94 Schreiben; 9 Schichten; 49 Chauffeure;

15 4 Tische; 9 Rechnungen; 79 Techniker; 9 969 Menschen; 97 Schafe; 45 Schlecker; 98 Zecken;
16 48 Taschen; 64 Schieberegler; 94 Ecken; 59 Fackeln; 9 Löcher; 79 Flaschen; 4 649 Scherben;

**5. Profitext**

17 In der Ecke liegt Staub. Schade, dass ich nicht mitmachen kann. Österreich ist ein schönes
18 Land. Der Sachbearbeiter der Firma Schlick stellte diese Rechnung aus. Clara schrieb Chiara
19 eine Nachricht. Das 4. Schreiben ist nichtig. Christian fliegt am Dienstag zum 9. Mal nach
20 China. Diese 4 Maschinen arbeiten nicht richtig. Wir haben 4 Nachfragen nach dem neuen
21 Artikel. Der 9. Vertrag ist nicht unterschrieben. Ich habe diese 49 Aufgaben erledigt.

Weitere Übungen findest du beim Tastaturlernprogramm in der TRAUNER-DigiBox und auf www.mm-typing.at.

## 2.3.10 Griffe w o 3 0

**Linke Hand**
- W Ringfinger
- 3 Ringfinger

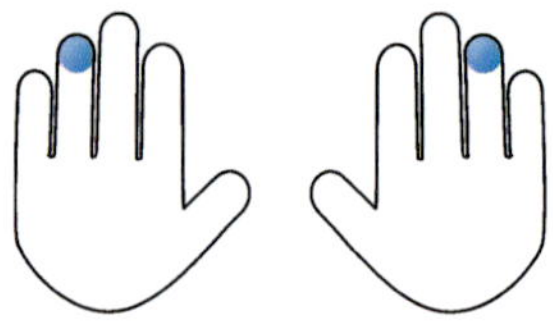

**Rechte Hand**
- O Ringfinger
- 0 Ringfinger

### TrainingsBox – „Griffe w o 3 0“

**1. Griffübungen**

1 sws sws sws wsw wsw wsw sws sws sws wsw wsw wsw sw ws sw ws sw ws sw ws sw ws sw
2 lol lol lol olo olo olo lol lol lol olo olo olo lol lol lol olo olo olo lo ol lo ol lo ol lo ol lo ol lo ol lo

3 sw3 sw3 sw3 3ws 3ws 3ws s3w s3w s3w 3sw 3sw 3sw w3s w3s w3s ws3 ws3 s3w s3w s3w
4 lo0 lo0 lo0 0lo 0lo 0lo o0l o0l o0l ol0 ol0 ol0 l0o l0o l0o 0ol 0ol 0ol lo0 o0l 0ol l0o l0o o0l o0l

**2. Wortübungen**

5 wo; was; wer; wie; wann; wieso; wem; warum; worum; wobei; welche; weshalb; wozu; wen;
6 ohne; oben; obwohl; ohnehin; offen; orange; ordnen; oval; orten; original; obgleich; orten;

7 Wille. Wald. Wiese. Wade. Welle. Wanderung. Witwe. Wachstum. Wirkung. Wolle. Wanne.
8 Ohren. Obers. Ohmen. Osten. Orient. Oboe. Onkel. Oberarzt. Ordnung. Ohnmacht. Ostern.

**3. Zahlentraining**

9 303 Tore, 303 Wellen, 330 Ohren, 33 Wiesen, 30 Wale, 333 Melonen, 330 Worte, 30 Kinos,
10 30 Orte. 3 Witwen. 30 Onkel. 3 Autos. 33 Wannen. 3 Wiesen. 33 Kinos. 3 Konkurse. 3 Orden.

11 330 Ortschaften. 303 Organisationen, 30 Socken, 30 Ordner, 3 Schwerter, 30 Marmorsteine,
12 30 Schiffswerften; 3 Schornsteine; 30 Bohnen; 3 Obsttorten; 303 Wörter; 3 Witze; 3 Winzer;

**4. Profitext**

13 Willi wohnt in Wels. Die Wohnung wird aufgelöst. Leon steht Wache. Wilhelm will es wissen.
14 Die Schwierigkeiten konnten noch gelöst werden. Die freiwillige Feuerwehr konnte 3 Fahrer
15 nach wenigen Minuten aus dem Auto bergen. Die 30 Wanderungen wurden abgesagt.

16 Die Wassermelone wird frisch aufgeschnitten. Der Ober serviert 3 Honigmelonen. Wolfgang
17 kauft 3 Ordner. Die 3 Witwen gehen ins Kino. 30 Winzer stehen zur Wahl. Die 30 Wallfahrer
18 wohnen in einer Jugendherberge. Ottilie zeigt Wohlwollen. Das Medikament ist wirkungslos.

Weitere Übungen findest du beim Tastaturlernprogramm in der TRAUNER-DigiBox und auf www.mm-typing.at.

## 2.3.11 Griffe q p ! 1 2

**Linke Hand**
- q kleiner Finger
- 1 kleiner Finger
- 2 kleiner Finger
- ! kleiner Finger
  (⇧-Taste rechts und kleiner Finger links)

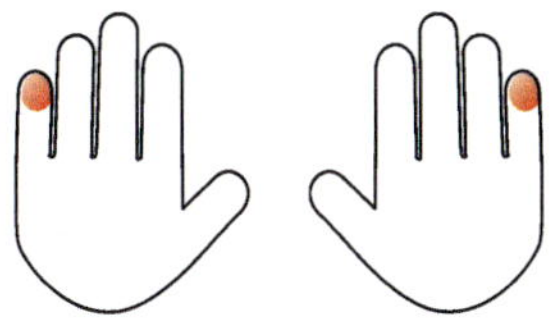

**Rechte Hand**
- p kleiner Finger

Vor dem Satzzeichen wird **kein Leerzeichen, nach** dem Satzzeichen wird ein **Leerzeichen** gesetzt.

### TrainingsBox – „Griffe q p ! 1 2“

**1. Griffübungen**

1 aqa aqa aqa qaq qaq qaq aqa aqa aqa qaq qaq qaq aqa aq qa aq qa aq qa aq qa aaq aaq qqa
2 öpö öpö öpö pöp pöp pöp öpö öpö öpö pöp pöp pöp pö öp pö öp pö öp pö öp ppö ppö ööp

3 a1! a1! a1! a1! a1! a1! a1! a1 a1 a1 a1 a1 a1 a1 a1 a! a! a! a! a! a! a! a! a! a! a! a!1 a!1 a!1 a!1
4 a2! a2! a2! a2! a2! a2! a2! a2 a2 a2 a2 a2 a2 a2 a2 a21! a21! q12! q12! aq12! aq12! aq12!

5 qu qu qu pf pf pf qu qu qu pf pf pf qu qu qu pf pf pf qu qu qu pf pf pf qu qu qu qu pf qu pf qu
6 a! s! d! f! g! q! w! e! r! t! z! h! j! k! l! ö! u! i! o! p! m! n! b! v! c! 1! 2! 3! 4! 5! 6! 7! 8! 9! 0! a! s!

**2. Wortübungen**

7 quer, per, quoll, plus, queren, pausieren, quellen, packen, quittieren, pfeifen, querulieren,
8 Liquid! Karpfen! Aquarium! Wappen! Requiem! Raupe! Kaulquappe! Aquaplaning! Apfel!

9 Quelle, Quadrat, Quakfrosch, Qualle, Quecksilber, Quintessenz, Querflöte, Querulant,
10 Quappe, Pferd, Pflug, Puppe, Paket, Pulver, Pappe, Papagei, Paprika, Pesto, Panflöte, Plan,

**3. Zahlentraining**

11 1 Pferd! 2 Quallen! 12 Pakete! 1 Querflöte! 22 Puppen! 21 Karpfen! 1 Raupe! 2 Quakfrösche!
12 12 Quadrate! 1 Querulant! 122 Aquarelle! 1 Pfau! 1 Quiz! 28 Packungen! 20 Paare! 1 Portier!
13 176 Quellen! 21 Quittungen! 45 Requisiten! 201 Querverweise! 1 Puppenhaus! 39 Plaketten!

**4. Profitext**

14 Perfekt! Hurra! Super! Bravo! Schön! Toll! Willkommen! Dankeschön! Adieu! Patrick kann
15 die 21 Pakete in der Poststelle abholen. Die 12 Aquarien wurden gestern geputzt. Der Plan
16 ist noch in Bearbeitung. 2 Computer wurden repariert. Jacqueline bekam zu Pfingsten 2
17 Puppen. Putze deine Schuhe picobello! Schmecke die Suppe ab! Quere den Weg! Campen ist
18 super! Die Aquarellmalerin verkaufte 1 Bild an Herrn Quatember. Die 2 Quirl sind kaputt.

Weitere Übungen findest du beim Tastaturlernprogramm in der TRAUNER-DigiBox und auf www.mm-typing.at.

⚠ **Vor** dem Satzzeichen wird **kein Leerzeichen, nach** dem Satzzeichen wird **ein Leerzeichen** gesetzt.

## 2.3.12 Griffe x :

**Linke Hand**
x Ringfinger

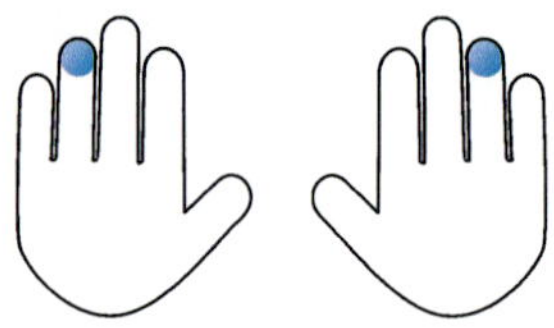

**Rechte Hand**
: Ringfinger
(⇧-Taste links und Ringfinger rechts)

## TrainingsBox – „Griffe x :"

**1. Griffübungen**

1 sxs sxs sxs xsx xsx xsx sxs sxs sxs xsx xsx xsx sx xs sx xs sx xs sx xs sx xs sx xs sx xs xxs ssx xxs xs
2 l: l: l: l: l: l: l: l: l: s: ö: a: k: d: j: f: h: g: q: p: w: o: e: i: r: u: t: z: v: m: b: n: c: x: l: x: l: 1: 2: 3: 4: 5:

**2. Wortübungen**

3 Taxi: Axt: Exemplar: Box: Text: Experiment: Mixer: Exit: Lexikon: Nixe: Export: Fax: Rolex:
4 extra, exakt, extrem, flexibel, lax, verflixt, exakt, boxt, extravagant, perplex: exquisit: flexen:
5 Extrakt: Hexe: Luxus: Textilien: Reflex: Xenon: Pontifex: Anorexie: Praxis: Kodex: Index: Hoax:

**3. Wortgruppen**

6 Mit neuen Materialien experimentieren, die Rolex kaufen, die Exekutive informieren, die
7 Praxis eröffnen, den Termin fixieren, den Luxuswagen exportieren, den Cocktail mixen, den
8 Boxkampf gewinnen, die orthodoxe Kirche besichtigen, das Examen bestehen, ein Exemplar
9 bekommen, ein Fax versenden, nach Cuxhaven fahren, exmatrikuliert werden.

10 Den Hexenhut im Fasching tragen, im Lexikon nachschlagen, ein Exzerpt verfassen, extrem
11 hohe Pumps anziehen, einen extravaganten Hut tragen, im Reflex zucken, ein Exemplar
12 archivieren, den Text durchlesen, ein Auto mit Xenonscheinwerfern kaufen, den Mixer
13 verwenden, den Termin flexibel einteilen, ein Exempel statuieren, die Exekutive rufen.

**4. Profitext**

14 Deine laxe Einstellung möchte ich nicht haben. Das Exportunternehmen hat den Auftrag
15 erteilt. Die Textilfabrik wurde verkauft. Die flexible Kreditrate wird nicht gerne angeboten.
16 Alexandra hat einen Fixplatz an der Fachhochschule. Das Kruzifix wird nicht abgenommen.
17 Die Politische Expositur Bad Aussee wurde aufgelassen. Felix hat eine Luxusreise gebucht. Es
18 gibt Beschwerden über zu viele Jours fixes. Die Medizin ist ein sehr komplexes Gebiet.

19 Alexandra kaufte die Extraausgabe der Zeitschrift im Fachhandel. Die Exkursion wird
20 abgesagt. Bei einer Explosion sollte man in Deckung gehen. Der Text muss neu formuliert
21 werden. Die extremen Temperaturunterschiede sind ungesund. Obst im Rexglas einrexen.

Weitere Übungen findest du beim Tastaturlernprogramm in der TRAUNER-DigiBox und auf www.mm-typing.at.

## 2.3.13 Griffe y –

**Linke Hand**
y kleiner Finger

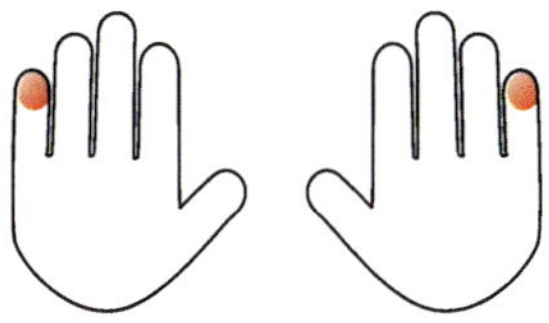

**Rechte Hand**
- kleiner Finger

Wird ein **Bindestrich** mit einem Leerzeichen davor und danach **gesetzt,** wandelt WORD den kurzen Bindestrich automatisch in einen langen Bindestrich um.

**Kurzen Bindestrich durch langen Bindestrich ersetzen**

- DATEI – OPTIONEN
- DOKUMENTPRÜFUNG – AUTOKORREKTUR-OPTIONEN...
- AUTOFORMAT WÄHREND DER EINGABE – BINDESTRICHE (--) DURCH GEVIERTSTRICH (–) aktivieren

### TrainingsBox – „y –"

**1. Griffübungen**

1 aya aya aya yay yay yay aya aya aya yay yay yay aya yay aya ya ay ya ay ya ay ya aay aay yya
2 ö-ö ö-ö a-a a-a l-l l-l s-s s-s k-k k-k d-d d-d j-j j-j f-f f-f g-g g-g h-h h-h w-w p-p x-x m-m e-e i-i

**2. Wortübungen**

3 young, boy, toy, you, may, your, lay, yard, pay, yes, say, year, pray, yours, yellow, day, diary,
4 Hydrant. Yoga. Olymp. Yacht. Xylophon. Ybbs. Jury. Yvonne. System. Ytong. Yahoo. Analyse.

5 Hymne – Lyrik – Hobby – Zylinder – Dynamo – Baby – Tyrann – Rhythmus – Party – City – Yen
6 Bayern; Teddy; Whisky; Yen; Uruguay; Ypsilon; York; Zypern; Teddy; Derby; Handy; Rowdy;

**3. Wortgruppen**

7 Den richtigen Rhythmus finden – das Eishockeyspiel ansehen – auf dem Xylophon spielen –
8 den Mythos kennen – das Hobby betreiben – an Typhus erkranken – dem Hotelboy Trinkgeld
9 geben – den Hydranten aufdrehen – im System arbeiten – die Hymne singen – einen Zylinder
10 skizzieren – der bayrischen Jury zustimmen – den Test analysieren – das Bobby Car kaufen.

11 Nach Attnang-Puchheim fahren, in Stadl-Paura wohnen, einen Last-Minute-Flug buchen,
12 Hans-Peter rufen, die E-Card mitbringen, das PC-Spiel kaufen, im IT-Bereich arbeiten, in den
13 Franz-Liszt-Weg ziehen, den Luxemburg-Urlaub verschieben, eine Pizza in die Karl-Lang-
14 Gasse liefern, einen Zehn-Euro-Schein finden, den DVD-Player wieder verkaufen.

**4. Profitext**

15 Das Schloss Persenbeug steht in der niederösterreichischen Gemeinde Persenbeug-
16 Gottsdorf. Anna-Sophie bekam zum Geburtstag von ihrer Oma ein Xylofon. Joseph Haydn ist
17 ein deutsch-österreichischer Komponist. Yan wechselte den Handytarif. Das Kurhotel Bad
18 Wimsbach-Neydharting ist sehr beliebt. Das Eishockeyspiel wurde verschoben. Tausende
19 Bayernfans kamen zum Entscheidungsspiel. Den heurigen Urlaub haben wir auf einer Yacht
20 verbracht. Das Ergebnis wird nun analysiert. Kleine Buben verkleiden sich gerne als Cowboys.

Weitere Übungen findest du beim Tastaturlernprogramm in der TRAUNER-DigiBox und auf www.mm-typing.at.

## 2.3.14 Griffe ä ü ß ?

⚠ **Vor** dem Satzzeichen wird **kein Leerzeichen, nach** dem Satzzeichen wird **ein Leerzeichen** gesetzt.

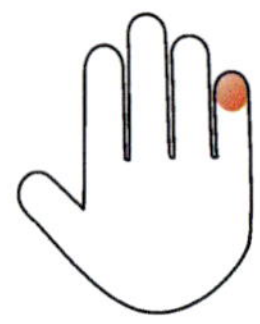

**Rechte Hand**

- ä kleiner Finger
- ü kleiner Finger
- ß kleiner Finger
- ? kleiner Finger (⇧-Taste links und kleiner Finger rechts)

## TrainingsBox – „Griffe ä ü ß ?"

**1. Griffübungen**

1 öäö öäö öäö äöä äöä äöä öäö öäö öäö äöä äöä äöä öä äö öä äö öä äö öä äö öä ööä ääö ööä
2 öüö öüö öüö üöü üöü üöü öüö öüö öüö üöü üöü üöü öü üö öü üö öü üö öü üö üüö ööü üüö

3 ößö ößö ößö ßöß ßöß ßöß ößö ößö ößö ßöß ßöß ßöß öß ßö öß ßö öß ßö öß ßö ßßö ööß ßßö
4 ö? ö? ö? a? a? a? ä? ä? ä? e? e? e? ü? ü? ü? r? r? r? p? p? p? t? t? t? m? m? m? p? w? o? e?

**2. Wortübungen**

5 Wozu? Wann? Wer? Wie? Woher? Weshalb? Warum? Was? Wieso? Weswegen? Worüber?
6 groß, süß, bloß, heiß, draußen, heißen, grüßen, büßen, versüßen, reißen, schließen, reißen,

7 Gesäß? Straße? Spaß? Maßstab? Strauß? Gießkanne? Gefäß? Außenfarbe? Soße? Größe?
8 Großstadt! Maßnahme! Grüße! Ausgießer! Verschleiß! Genießer! Äußerung! Verstoß! Füße!

**3. Wortgruppen**

9 Barfuß über den heißen Sand laufen, große Füße haben, auf den Großglockner gehen, Seiten
10 aus dem Heft reißen, einen Stoß bekommen, die Außenmauer sanieren, die Hälfte der Miete
11 bezahlen, er saß lange draußen, Grießpudding essen, viel Ärger ersparen, einen Käfig kaufen.

**4. Profitext**

12 Die Schülerinnen und Schüler hören dem Märchenerzähler gespannt zu. Die Mutter bekam
13 einen großen Blumenstrauß. Das Mädchen kaufte eine grüne Gießkanne. Jürgen wäre lieber
14 zu Hause geblieben. Überall scheint die Sonne. Äußere dich höflich! Den Käfig gründlich
15 säubern lassen. Günther ertappte die Räuber. Das Maß wurde gänzlich überschritten.

16 Wer hat diese Lüge erzählt? Lässt du mich vorgehen? Wo werdet ihr nächtigen? Wäre dir das
17 Hemd mit den langen Ärmeln lieber? Wieso bist du so spät noch draußen? Wann eröffnet
18 das Süßwarengeschäft? Wann reist ihr nach Ägypten? Wann kannst du frühestens da sein?
19 Würdest du die Äpfel schälen? Wärst du bereit, länger zu bleiben? Räumst du die Straße?

Weitere Übungen findest du beim Tastaturlernprogramm in der TRAUNER-DigiBox und auf www.mm-typing.at.

## 2.3.15 Training der Ziffern 4 5 6 7 8

### TrainingsBox – „Training der Ziffern 4 5 6 7 8"

**1. Wortübungen**

1 5 Sekunden. 6 Minuten. 78 Stunden. 44 Tage. 75 Wochen. 46 Monate. 87 Jahre. 48 Kinder.
2 74 Liter, 85 Filialen, 77 Häuser, 46 Mieter, 576 Kataloge, 486 Orte, 47 Aufsätze, 6 Bücher,
3 745 Bilder! 46 Schüler! 58 Lehrer! 84 Schulen! 4 Sessel! 8 Bildschirme! 47 Tassen! 5 Hosen!
4 455 Hälften, 67 Hüte, 8 Eierbecher, 77 Schwäne, 48 Momente, 56 Giraffen, 48 Ameisen,

5 67 Schultaschen: 45 Muskeln: 5 Verkäufer: 78 Mäuse: 455 Personen: 4 Könige: 748 Diener:
6 65 Männer, 86 Worte, 874 Beeren, 57 Trauben, 46 Uhren, 88 Rosen, 45 Betten, 67 Schwäne,
7 85 Fenster; 54 Hütten; 7 Bäder; 8 Teiche; 64 Enten; 44 Regenschirme; 7 Drucker; 546 Stufen;
8 874 Kanäle, 45 Flüsse, 588 Berge, 67 Länder, 4 658 Städte, 55 748 Ziegel, 88 744 Steine

9 5 Wellen, 87 Blätter, 7 Autos, 6 Maler, 74 Fahrräder, 67 Busse, 74 Gläser, 6 Stifte, 48 Karten,
10 76 Magnete? 5 Bügeleisen? 67 Steine? 78 Wiesen? 54 Sträucher? 44 Scheunen? 87 Größen?
11 4 Fässer, 8 Hörner! 64 Autos; 7 Eulen? 85 Pferde: 6 Gassen. 56 Fahrten, 68 Affen! 74 Züge;
12 48 Öfen, 76 Trauben, 488 Schiffe, 5 Bäder, 7 Hosen, 58 Böden, 4 Rosen, 6 Straßen, 8 Messer,

**2. Satzübungen**

13 Der Bagger wiegt 8 Tonnen. Simon bekommt 5 € Taschengeld im Monat. Frau Kleisner feiert
14 am 5. August ihren 88. Geburtstag. Die 6. Ausstellung wurde am 5. Juni eröffnet und kann
15 noch bis 8. November angesehen werden. Der Mount Everest mit einer Höhe von 8 848 m
16 über dem Meeresspiegel ist der höchste Berg der Erde. Alexander war bei seiner Geburt am
17 6. Dezember 54 cm groß und wog 4 454 g. Die Firma kann 45 Paletten am 8. Jänner liefern.

**3. Profitext**

18 Fahren Sie auf der Autobahn A8 Richtung Passau. 48 Mio. Euro wurden für die Sanierung
19 bestehender Gebäude benötigt. Am 6. Juni findet die 5. Sponsion statt. 566 Personen
20 nahmen am 75. Kongress teil. 5 Häuser wurden versteigert. Das Höchstgebot liegt bei
21 455.777 €. Er wurde mit 45 Dienstjahren geehrt. Bitte liefern Sie die 55 Torten in die
22 Judenburger Straße 87, 8756 St. Georgen. Wir haben heuer 45 876 kg Trauben entsaftet.

23 Die Restzahlung in Höhe von 655 € ist bei Zustellung zu bezahlen. 6 Jugendliche haben die
24 Möglichkeit, beim Wettbewerb am 4. Jänner teilzunehmen. Beim Unfall waren 4 Personen
25 beteiligt. 87 Kartons wurden für den Umzug benötigt. 84 Schülerinnen und 76 Schüler
26 besuchen die 4. Klasse Volksschule. Das Büro wird mit 4 Schreibtischen, 8 Drehstühlen und
27 6 Kästen neu ausgestattet. Der Betrag in Höhe von 7.845 € wurde am 8. Juli überwiesen.

28 4 Monteure werden mit 7. April neu eingestellt. Der nächste Ort ist 5 km entfernt. Bitte
29 wählen Sie die Durchwahl 87. Ihre Steuernummer lautet: 4578-76. Der Räuber erbeutete
30 Schmuck im Wert von mehr als 5 Mio. Euro. Wähle 4 Zutaten aus! Die Linien 4, 45 und 78
31 fahren zum Bahnhof. 6 Mitarbeiter sind auf Urlaub. Das ist heuer bereits die 5. Radarstrafe.

## 2.3.16 Training der Ziffern 1 2 3 9 0

### TrainingsBox – „Training der Ziffern 1 2 3 9 0 “

**1. Wortübungen**

12 Klassen, 39 Tische, 20 Fernseher, 31 Pflanzen, 19 Handys, 3 Kostüme, 1 Zelt, 12 Rowdys,
90 Klammern; 22 Fässer; 32 Kissen; 290 Ringe; 91 Zebras; 10 Straßen; 2 Kamele; 191 Nudeln;
12 Hunde? 39 Löffel? 22 Sterne? 9 Gassen? 21 Stimmen? 39 Katzen? 92 Bücher? 32 Bienen?
1 Hase, 9 Bäume, 33 Häuser, 20 Birnen, 10 Melonen, 23 Affen, 21 Fahrräder, 91 Haustüren.

231 Wörter, 2 Hefte, 31 Jacken, 90 Übungen, 10 USB-Sticks, 27 Tafeln, 9 Hosen, 39 Schilder,
12 Mahnmale! 20 Pullover! 3 Urnen! 21 Rohlinge! 390 Kochbücher! 90 Hosen! 12 Strümpfe!
31 Westen. 9 Seile. 13 Türen. 2 Merkmale. 1 Motorrad. 9 Ziffern. 1 Buchstabe. 30 Schlapfen.
1 Pyjama, 3 Löcher, 33 Scheren, 92 Trommeln, 1 Feuer, 32 Eier, 90 Riffe, 19 Waagen, 1 Buch,

3 Tortenstücke, 2 390 Gräber, 39 Tennisschläger, 13 Golfbälle, 32 Ledergürtel, 90 Portionen,
9 Kornblumen; 1 Puzzle; 32 Ameisen; 1 Sänger; 29 Schauspieler; 91 Kameras; 21 Drehstühle;
91 Tastaturen: 1 Pony: 3 Wollknäuel: 13 Schriftsteller: 90 Schalen: 1 Bär: 12 Gläser: 9 Gäste:
3 Nonnen, 93 Kostüme, 1 Tisch, 9 Stifte, 2 Kästen, 1 Tor, 93 Tücher, 2 Nächte, 23 Stehtische,

**2. Satzübungen**

Das Baby wog bei der Geburt 3 290 g. In der Klasse sitzen 3 Schüler und 22 Schülerinnen. Die Spenden in Höhe von 3.000 € kamen der Kinderkrebshilfe zugute. Von diesem Buch wird im Moment die 21. Auflage gedruckt. Die Webseite wurde zuletzt am 3. März 2013 geändert. Die Ausgabe 13 war sofort ausverkauft. Wikipedia wurde im Jahr 2001 gegründet und ist in vielen Sprachen verfügbar. Bestelle bitte 2 Vorspeisen, 3 Hauptspeisen und 1 Getränk.

**3. Profitext**

Sie erreichen ihn unter der Telefonnummer 01 29 31 02. Die Rechnung wurde am 1. Juni 2013 ausgestellt. Der Betrag in Höhe von 199,00 EUR wurde noch immer nicht überwiesen. Mehr als 100 Mitarbeiter wurden gekündigt. Das Unternehmen feiert im nächsten Jahr sein 300-jähriges Bestandsjubiläum. Neueröffnung am 2. Mai. Kannst du mir die 2 Lieder auf den PC kopieren? Besuche uns am 1. Juli um 19 Uhr. 1 t sind 1 000 kg. Wir wohnen im 2. Stock.

Die Miete beträgt 399,00 €. Der Fernseher kostet 1.233,00 € inkl. 20 % USt. Das Aquarium fasst 300 l. Das Stück Fleisch wiegt 1,3 kg. Die Wohnwand hat eine Länge von 320 cm. Die 22 Stk. Freischwinger wurden gestern geliefert. Die Badewanne wiegt 33 kg. 1 Klappstuhl fehlt. 10 000 Kopien wurden angefertigt. Die Reparatur dauert ca. 2 Stunden. Kaufe die Mineralfarben mit den Nummern 1090 und 3201. Die Bestellnummer lautet 129-2210119-0.

An der Feier nahmen ca. 200 Gäste teil. Für das Geschenk hat jeder 30,00 EUR bezahlt. Bitte bestelle 1 300 Stk. Flyer. Familie Huber zog in die Steingasse 29. Auf der Autobahn gilt die Höchstgeschwindigkeit 130 km/h. Abfahrt ist auf Gleis 9. Der EDV-Raum wurde mit 13 neuen Computern ausgestattet. Fahre mit der Linie 1 zum Hafen. Derzeit sind 39 Kinder gemeldet.

## 2.3.17 Der numerische Tastenblock

Der numerische Tastenblock befindet sich rechts auf der Computertastatur. Bei Notebooks ist er meist in das Tastenfeld integriert und durch eine Funktionstaste zu aktivieren.

Die richtige Bedienung des Ziffernblocks spart viel Zeit beim Eingeben von Zahlen.

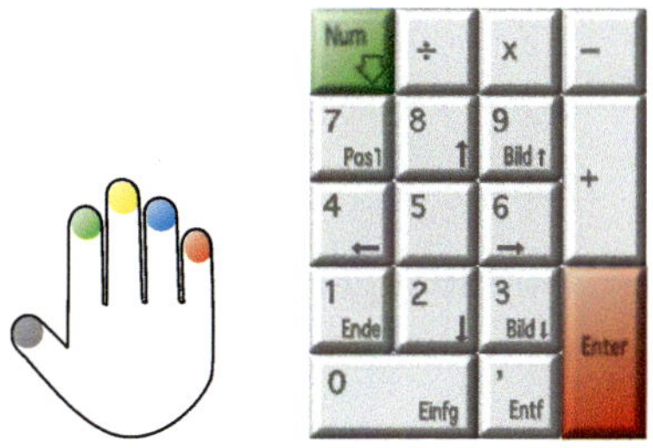


Lege die rechte Hand in die **Grundstellung,** d. h., auf die **Ziffern 4, 5 und 6.** Wie auch beim 10-Finger-System gilt hier die Regel: Die Finger wandern nach Betätigen der Taste zurück in die Grundstellung.

Den Nummernblock aktivierst und deaktivierest du mit der **NumLock-Taste.** Bei aktivem Nummernblock leuchtet ein Licht auf der Tastatur.

Verwende für die Erarbeitung des numerischen Tastenblocks die **Standardränder** und die **Standardschriftart Calibri.** Stelle die **Schriftgröße** auf **14 Punkt** ein.

Setze Tabstopps zwischen den einzelnen Kolonnen, um zu gewährleisten, dass sie untereinander stehen. Für einen Zeilenwechsel betätige die Eingabetaste auf dem Ziffernblock mit dem rechten kleinen Finger.

### TrainingsBox – „Der numerische Tastenblock"

**1. Griffübungen Grundreihe 4 5 6**

| 4 | 456 | 4654 | 45456 |
|---|---|---|---|
| 44 | 465 | 4546 | 64556 |
| 444 | 454 | 4564 | 54665 |
| 4444 | 464 | 6445 | 45654 |
| | | | |
| 5 | 545 | 5456 | 54546 |
| 55 | 656 | 5654 | 46654 |
| 555 | 544 | 6546 | 56455 |
| 5555 | 655 | 5465 | 65545 |
| | | | |
| 6 | 654 | 6565 | 65456 |
| 66 | 645 | 6654 | 64546 |
| 666 | 664 | 5645 | 46566 |
| 6666 | 465 | 6466 | 56454 |

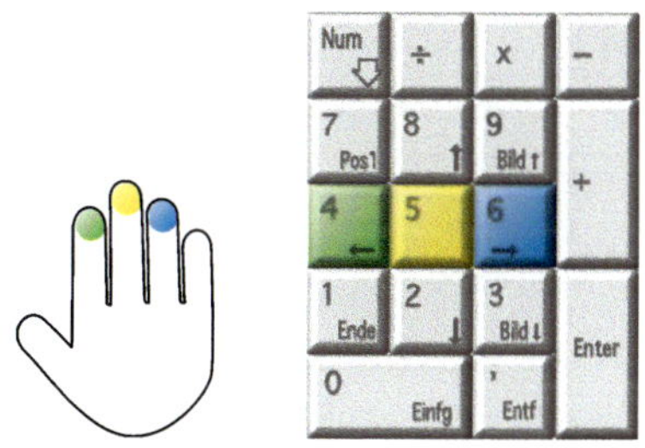

**2. Griffübungen 7 1**

| 7 | 747 | 4756 | 57467 |
|---|---|---|---|
| 77 | 577 | 7647 | 57674 |
| 777 | 675 | 5746 | 76745 |
| 7777 | 765 | 5764 | 47647 |
| | | | |
| 1 | 141 | 1441 | 14561 |
| 11 | 145 | 1541 | 16514 |
| 111 | 417 | 7514 | 74161 |
| 1111 | 165 | 7146 | 71614 |

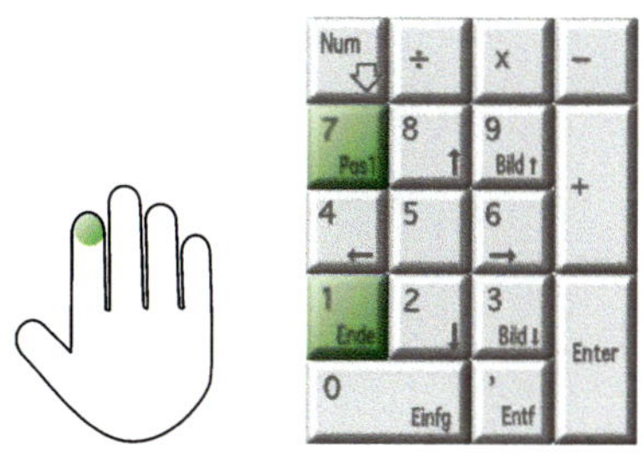

**3. Griffübungen 8 2**

| 8 | 858 | 8558 | 85658 |
|---|---|---|---|
| 88 | 867 | 8418 | 84617 |
| 888 | 815 | 8176 | 74658 |
| 8888 | 418 | 6581 | 78518 |

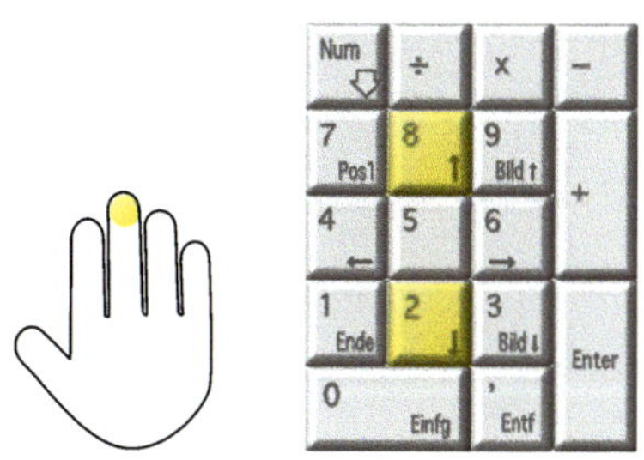

| | | | |
|---|---|---|---|
| 2 | 252 | 2562 | 25641 |
| 22 | 246 | 2145 | 74522 |
| 222 | 652 | 8521 | 24672 |
| 2222 | 216 | 2874 | 46521 |

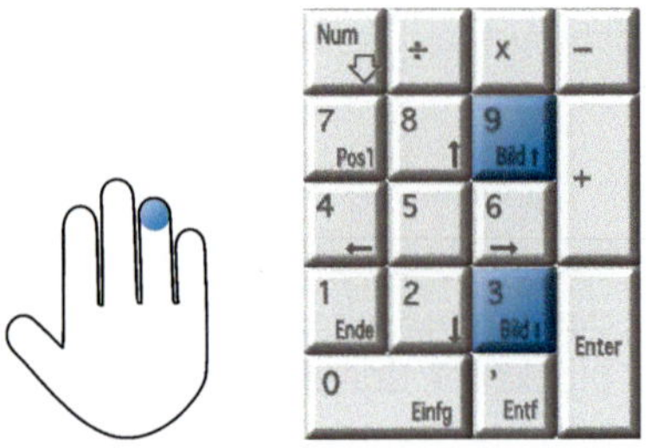


**4. Griffübungen 9 3**

| | | | |
|---|---|---|---|
| 9 | 969 | 9654 | 96142 |
| 99 | 925 | 9751 | 65984 |
| 999 | 981 | 8974 | 94569 |
| 9999 | 298 | 6498 | 74598 |

| | | | |
|---|---|---|---|
| 3 | 363 | 3652 | 34521 |
| 33 | 312 | 3587 | 31567 |
| 333 | 453 | 5432 | 65723 |
| 3333 | 413 | 6325 | 85231 |

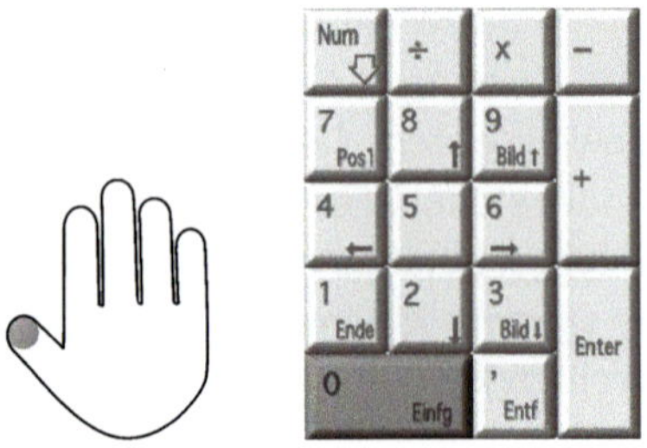


**5. Griffübungen 0**

| | | | |
|---|---|---|---|
| 0 | 065 | 5201 | 32012 |
| 00 | 652 | 7450 | 63507 |
| 000 | 813 | 5707 | 45038 |
| 0000 | 864 | 0785 | 65076 |

**5. Griffübungen 0**

| | | | |
|---|---|---|---|
| 47461 | 532145 | 65231 | 985413 |
| 98501 | 651376 | 03179 | 462897 |
| 50179 | 845320 | 47632 | 875901 |
| 65321 | 985601 | 46730 | 498302 |

| | | | |
|---|---|---|---|
| 67031 | 657013 | 54389 | 511035 |
| 97503 | 178031 | 85734 | 642387 |
| 32987 | 012694 | 74532 | 745201 |
| 14591 | 746801 | 36701 | 746019 |

| | | | |
|---|---|---|---|
| 74106 | 654970 | 329705 | 640973 |
| 31097 | 706491 | 439702 | 465812 |
| 98013 | 463207 | 980137 | 740365 |
| 39701 | 647019 | 348703 | 647901 |

## Ziele erreicht? – „Tipp für Tipp zum Schreibprofi“

- Versuche, in zehn Minuten so viele Zeichen wie möglich mit möglichst wenigen Fehlern zu erreichen. Zehn-Minuten-Abschriften steigern die Schreibfertigkeit, fördern die Konzentration und sind leicht überprüfbar.

**Arbeitsanweisung**

- Schreibe dich mithilfe der Vorübungen ein.
- Entspannen dich vor der Abschrift (Übungen siehe Abschnitt „Wichtige Tipps, um zum Schreibprofi zu werden“)!
- Blicke nur auf die Vorlage – konzentriere dich!
- Sofort bemerkte Fehler dürfen mit der Rücktaste korrigiert werden.
- Aktiviere die automatische Silbentrennung und schreibe den Text fortlaufend ab.
- Verwende die Schnellformatvorlage Standard und schalte nur bei den entsprechenden Absätzen.

**Auswertung**

- Ermittle die Anzahl der geschriebenen Zeichen.
- Kontrolliere deine Abschrift auf Fehler und notiere diese. Mehrere Fehler in einem Wort und Zwischenraumfehler gelten als ein Fehler.
- Errechne die Fehlerprozente mit der Formel:

$$\frac{\text{Fehler x 100}}{\text{Anschlagszahl (= Anzahl der geschriebenen Zeichen)}}$$

**Beurteilung**

Vergleiche die errechnete Prozentzahl mit der nachstehenden Tabelle und gib dir selber eine Note.

| Fehlerprozent | Note |
|---|---|
| – 0,125 % | Sehr gut |
| – 0,250 % | Gut |
| – 0,375 % | Befriedigend |
| – 0,500 % | Genügend |

Je mehr Anschläge du erreichst – also je schneller du schreibst –, desto mehr Fehler darfst du dir erlauben, um noch einen positiven Prozentsatz zu erreichen.

Ein vorbereitendes Trainingsprogramm und Vorübungen zu den Abschriften findst du in der TRAUNER-DigiBox, weitere Abschriften beim Tastaturlernprogramm Multimedia-Typing.

**Haare färben**

a) Erfasse den Text in Schriftart Calibri 14 Punkt.

Ob Blond, Braun oder Rot – Haarfarben haben eine besondere Bedeutung. 75
Blond gilt immer noch als besonders weiblich, Frauen mit dieser Haarfarbe wir- 155
ken weicher und strahlend. Übrigens sind Naturblonde und Blondinen in 227
Deutschland selten. Lediglich acht Prozent aller deutschen Frauen und sechs 306
Prozent aller deutschen Männer kommen blond zur Welt. Trotzdem besagen 380
Umfragen, dass mehr als sechzig Prozent aller deutschen Männer Blondinen 456
bevorzugen. 467

Rote Haare dagegen gelten immer noch als verrucht, feurig und erotisch. Dunk- 540
le bzw. schwarze Haare wirken ehrlich, kompetent, aber auch rassig und me- 616
lancholisch. Wenn man von Natur aus nicht die gewünschte Haarfarbe hat oder 691
ein anderer Typ sein will, kann man die Haare färben. Rund achtzig verschie- 769
dene Farbtöne stehen hierbei zur Auswahl. 817

Alle haben jedoch eines gemeinsam – sie wirken chemisch, das heißt, die fär- 893
benden Substanzen dringen in das Haar ein und verändern es. Und diese Che- 970
mikalien lösen nicht selten Allergien aus. 1013

Achtung vor chemischen Färbemitteln! Die Zeitschrift Öko-Test hat sich mehr- 1095
fach damit beschäftigt, wie schädlich die Färbeprodukte tatsächlich sind. Fast 1175
alle Produkte hatten allergieauslösende Substanzen, nur wenige der getesteten 1254
Produkte sind wirklich empfehlenswert. Alle Färbemittel, die eine permanente 1334
Farbänderung bewirken, enthalten zudem gesundheitlich bedenkliche Chemi- 1407
kalien. 1414

Wenn Sie Ihr Haar schonend tönen wollen, lohnt sich vor dem Kauf ein Blick ins 1498
Packungsinnere. Viele Hersteller nennen ihre chemischen Färbemittel Intensiv- 1580
tönungen. Man erkennt diese Mogelpackungen an den zwei Komponenten, die 1654
man zusammenmischen muss. Echte Tönungen muss man nie mischen. 1718

Für Naturfarben gilt grundsätzlich, wer anfällig ist für Allergien, sollte zur Pflan- 1805
zenhaarfarbe greifen. Blätter des Hennastrauches werden zum Beispiel mit 1880
Nussschalen, Mahagoni oder Rosenblättern vermischt. Die Nachteile dieser 1957
Methode: Graues und weißes Haar schimmert durch und dunkles Haar kann 2031
dadurch kaum heller werden. Außerdem waschen sich die natürlichen Haarfar- 2106
ben ohne chemische Zusätze schneller wieder aus. So muss die Farbe alle sechs 2186
Wochen erneuert werden. 2210

Quelle: http://www.br-online.de/ratgeber/gesundheit

b) Speichere die Abschrift unter **Haare färben1.docx.**

Einen interaktiven **Safety-Check** findest du in der TRAUNER-DigiBox.

# Textgestaltung in WORD

Viele Übungen zum Kapitel findest du in der TRAUNER- DigiBox.

Mit dem Programm WORD kannst du Texte schreiben und gestalten. Konnte man früher auf einer Schreibmaschine nur in einer Schriftart, Schriftgröße und Schriftfarbe schreiben, hat man heute in WORD alle denkbar möglichen Designs zur Verfügung. So werden deine Dokumente bunt und vielfältig! Man kann auch ganz leicht Bilder und Grafiken einfügen.

**Hinweis für Lehrkräfte:** In der TRAUNER-DigiBox finden Sie kostenlos unseren Unterrichtsleitfaden zu den Standards für den modernen Schriftverkehr.

Außerdem können die Dokumente gespeichert und wiederverwendet werden. So erspart man sich die mühsame Tipparbeit bei Briefen mit gleichen oder ähnlichen Inhalten.

In WORD findest du sinnvolle Hilfsmittel, die dir beim Schreiben helfen oder gleich während der Texteingabe Fehler aufzeigen. In diesem Kapitel lernst du den Umgang mit ihnen.

**Meine Ziele**

KOMPETENZ-ERWERB

Nach Bearbeitung dieses Kapitels kann ich

- das Textverarbeitungsprogramm WORD bedienen;
- verschiedenste Textdokumente erstellen, bearbeiten, formatieren und drucken;
- Tabellen und Illustrationen in ein Dokument einfügen und formatieren.

# 1 WORD kennenlernen

Überlegt gemeinsam, warum es notwendig ist, ein Textverarbeitungsprogramm wie WORD zu erlernen.

Ilker möchte später als Speditionskaufmann Gütertransporte in die ganze Welt checken. Da ist es gut, dass er sich mit dem Textverarbeitungsprogramm WORD gut auskennt und weiß, wie man mit den verschiedenen Funktionen arbeitet.

WORD von MICROSOFT ist das meistverwendete Textverarbeitungsprogramm der Welt. Es gibt aber auch einige kostenlose Alternativen dazu, z. B. LibreOffice, OpenOffice oder Google Docs.

**Aha!**

**MICROSOFT OFFICE-Konto**

Um alle Funktionen dieses Programms nutzen zu können, musst du dich bei OFFICE 365 anmelden. Durch deine Anmeldung kannst du deine OFFICE-Dateien online speichern und von jedem Computer aus darauf zugreifen. In der Schule bist du mit deinem Benutzernamen und deinem Kennwort der Schule angemeldet.

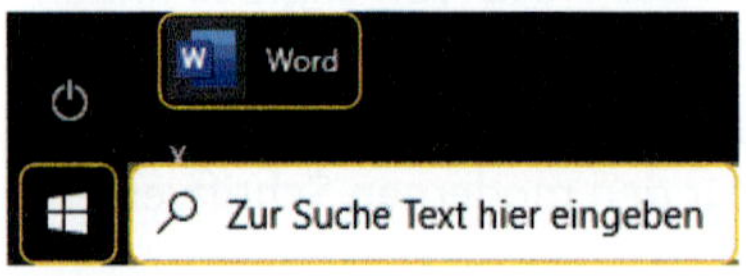


### WORD starten

Öffne WORD mit einer der folgenden Möglichkeiten:

- START – ALLE APPS – WORD
- Oder: gib WORD in das Suchfeld in der Taskleiste ein
- Oder: Klick auf eine Verknüpfung zu WORD (Taskleiste oder Desktop)

Ein interaktives Spiel findest du in der TRAUNER-DigiBox.

**DAS SOLLTEST DU SPEICHERN**

Schriftstücke, die in WORD erstellt werden, werden **Dokument** genannt. Die Dateiendung lautet **.docx.** Alle Buchstaben, Ziffern, Schrift- und Sonderzeichen heißen **Zeichen.**

Auch in der WORD-Hilfe werden diese Fachbegriffe verwendet.

### WORD-Oberfläche

Nach dem Starten von WORD siehst du ein leeres WORD-Dokument. So heißen die einzelnen Elemente der WORD-Oberfläche:

Je nach Bildschirmgröße und Update kann die Oberfläche von WORD immer ein wenig anders aussehen!

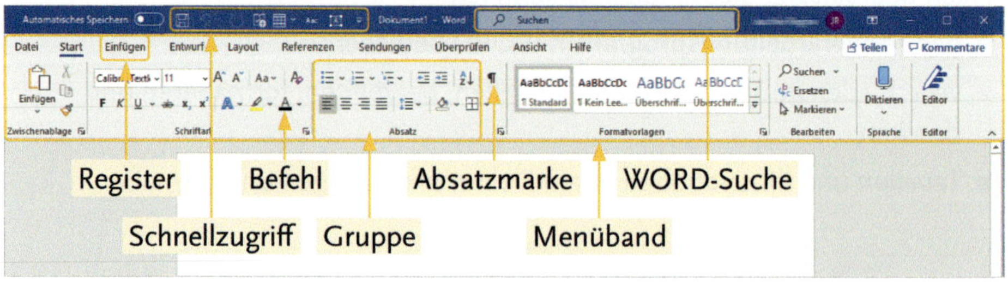

### Backstage-Ansicht (= Register Datei)

Die Backstage-Ansicht dient zum **Verwalten von Dateien** (z. B. Drucken, Speichern) und zum **Festlegen von Optionen** (z. B. Sprache, AutoKorrektur-Optionen in den OPTIONEN). Um sie anzuzeigen, klicke auf das Register DATEI.

Du kannst die Backstage-Ansicht durch Klicken auf ZURÜCK oder durch Drücken der Esc-Taste wieder verlassen.

**DAS SOLLTEST DU SPEICHERN**

Die **WORD-Oberfläche** ist der Bereich, in dem du deine Dokumente schreibst. Die **Backstage-Ansicht** ist der Bereich, in dem du Aufgaben *mit* (aber nicht *in*) den Dateien ausführst (z. B. Dateiverwaltung und Optionen).

### Menüband

Das **Menüband** ist die Befehlsleiste ganz oben zum raschen Auffinden diverser Befehle. Es besteht aus Registern, die in Gruppen unterteilt sind. Manche Register werden nur angezeigt, wenn bestimmte Objekte im Dokument markiert sind.

Du kannst das Menüband automatisch ausblenden.

Eine interaktive Übung findest du in der TRAUNER-DigiBox.

### Dialogfelder

Manche Gruppen weisen rechts unten einen **kleinen Pfeil** auf. Mit einem Klick darauf kommst du in das **Dialogfeld.** Hier kannst du Einstellungen treffen, die diese Gruppe betreffen.

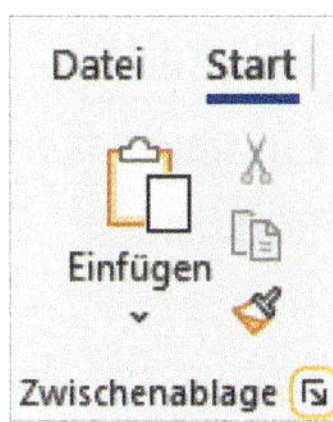

### Suchlupe

Im Menüband befindet sich ganz oben die **WORD-Suchlupe.** Hier kannst du Wörter und Ausdrücke eingeben, die sich auf deinen nächsten Arbeitsschritt beziehen. So gelangst du rasch zu den Features, die du verwenden, oder zu Aktionen, die du ausführen möchtest.

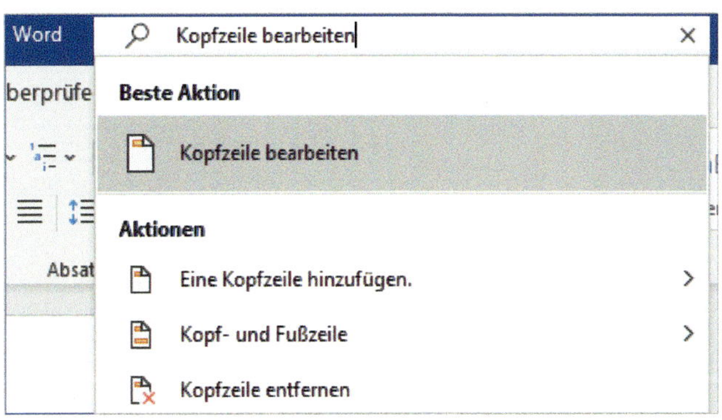


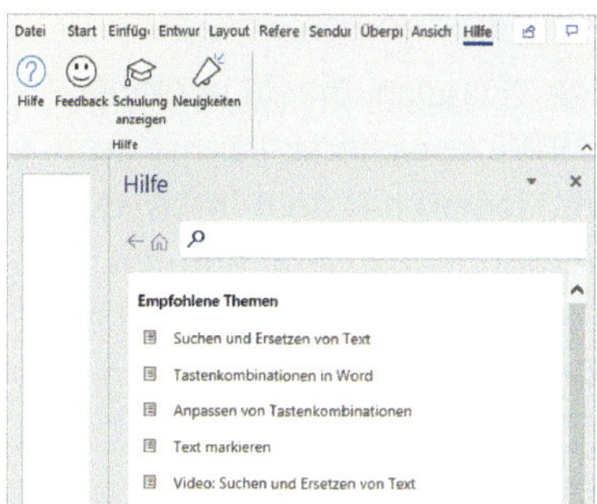


Es gibt auch ein eigenes Register für die Hilfe.

## Neues Dokument erstellen

Nach dem Starten des Programms WORD kannst du mit folgenden Schritten eine neue Textdatei erstellen:

- DATEI – NEU
- Klick auf LEERES DOKUMENT oder wähle eine Vorlage aus.

## Dokument speichern

Damit deine Textdateien nicht verloren gehen, musst du sie speichern.

Du kannst dein Dokument auch mit der Tastenkombination Strg + S speichern.

### SCHRITT FÜR SCHRITT: DOKUMENT SPEICHERN

1. DATEI – SPEICHERN UNTER klicken (oder auf SPEICHERN klicken)
2. Speicherort auswählen
3. Dateinamen vergeben
4. SPEICHERN

### DAS SOLLTEST DU SPEICHERN

Es ist wichtig, zwischendurch immer wieder zu speichern. Bei einem Programmfehler oder einem Stromausfall kann so der letzte Speicherstand wiederhergestellt werden.

Wenn du dein Dokument erstmals abspeicherst, schlägt WORD dir verschiedene **Speicherorte** vor:

| | |
|---|---|
| **Zuletzt verwendet** | WORD schlägt dir Speicherorte vor, die du zuletzt verwendet hast. |
| **OneDrive – Persönlich** | WORD speichert dein Dokument in deinem Account online. Du kannst dieses Dokument auf jedem PC mit Internetzugang öffnen, bearbeiten und wieder speichern. |
| **Dieser PC** | Du kannst das Dokument auf deinem PC lokal abspeichern. |
| **Ort hinzufügen** | Hier kannst du einen neuen Onlinespeicherort hinzufügen, z. B. OFFICE 365 SharePoint oder OneDrive. |
| **Durchsuchen** | Wähle einen anderen Speicherort, z. B. USB-Stick, aus. |

Dateien, die du in **ONEDRIVE** speicherst, kannst du von jedem mit dem Internet verbundenen Gerät abrufen, verändern und wieder speichern. Dokumente in Webspeicherordnern werden automatisch gespeichert.

## Dokument exportieren

- DATEI – EXPORTIEREN
  Damit erstellst du aus deinem Dokument ein PDF-Dokument. Dieses kannst du gut verschicken, weil das Layout erhalten bleibt.

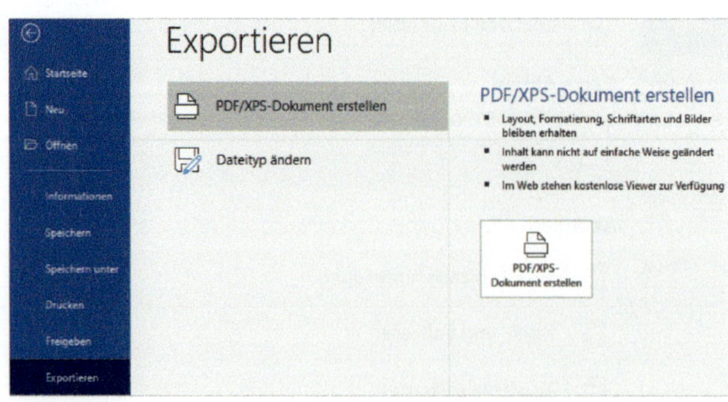

### Dokument drucken

Gehe auf Datei – Drucken. In der Backstage-Ansicht siehst du dann die **Druckvorschau** deiner Datei. Du kannst den Drucker auswählen sowie weitere Einstellungen (z. B. Anzahl der Exemplare, beidseitigen Druck, Seiten pro Blatt usw.) vorgeben.

Unter Datei – Optionen – Erweitert kannst du in den Kategorien Drucken und/oder Beim Drucken dieses Dokuments diverse Einstellungen vornehmen.

### Dokument schließen

- Datei – Schliessen
  Das Dokument wird geschlossen. Hast du die Datei noch nicht gespeichert, wirst du dazu aufgefordert, sie zu speichern (oder die Änderungen seit dem letzten Speichern).

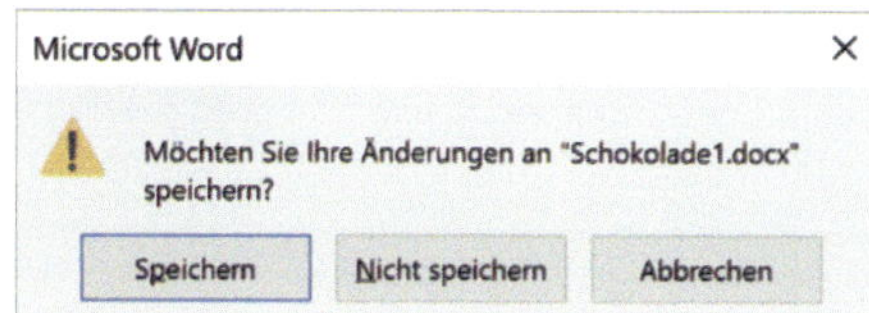


## TrainingsBox – „WORD kennenlernen“

**1.** Beschrifte die Grafik mit den richtigen Begriffen:

Absatzmarke ■ Register ■ Schnellzugriff ■ Befehl ■ Gruppe ■ WORD-Suche ■ Menüband

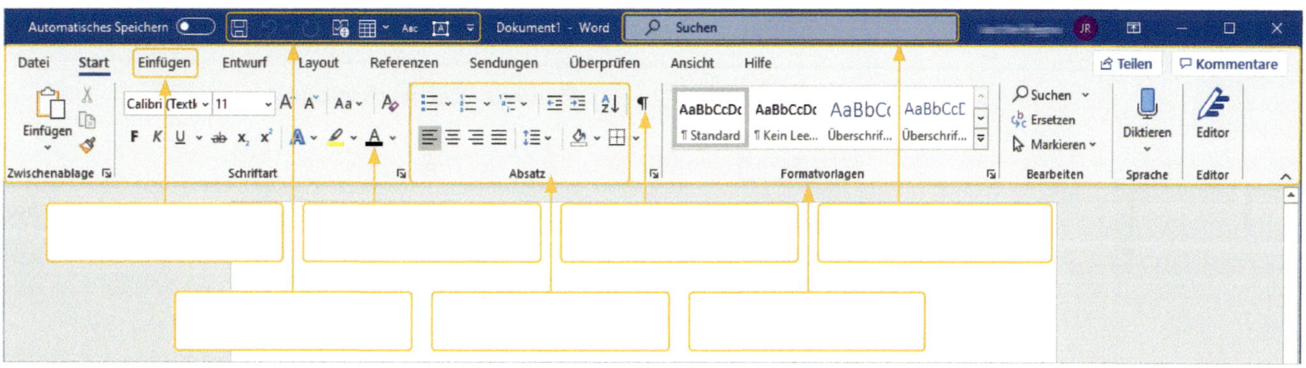


**2.** Erforsche das Menüband.

a) Öffne das Programm WORD.

b) Schaut euch zu zweit das Menüband an. Wo findet ihr die Gruppe Schriftart und die Gruppe Absatz?

c) Sucht das Register Ansicht. Wo findet ihr hier die Gruppe Ansichten?

d) Klappt das Register Layout auf. Welche Gruppen findet ihr hier?

**3.** Lerne die Backstage-Ansicht kennen und drucke ein WORD-Dokument.

a) Öffne das Dokument **Bildlauf_u.docx** und speichere es unter dem Namen **Bildlauf_dein Name.docx.**

b) Schreib deinen Namen ans Ende des Dokuments.

c) Gehe in die Backstage-Ansicht dieses Dokuments. Zähle auf, was du hier alles siehst.

d) Drucke das Dokument aus. Wie gehst du dabei vor?

e) Schließe die Backstage-Ansicht wieder.

f) Speichere das Dokument und schließe es.

Besprecht, welche Funktionen ihr in WORD kennt, die besonders praktisch sind. Wer von euch nutzt WORD regelmäßig? Was macht ihr alles mit WORD?

# 2 WORD Basics

Jana hat oft Schwierigkeiten sich zu organisieren und schreibt deswegen gerne To-do-Listen. Damit die Listen übersichtlich sind, möchte Jana sie gleich am Computer verfassen. Denn da braucht sie die Datei nur öffnen, um Änderungen einzutragen. Schon ist die neue Liste fertig.

Hier findest du die wichtigsten WORD Basics:

| Register | Befehle | Funktionen |
|---|---|---|
| Ansicht | | Blick auf das Dokument |
| Start | Markieren, ← Entf | Markieren, korrigieren, Text einfügen |
| Start | Zwischenablage | Zwischenablage |
| Start | Suchen, Ersetzen | Suchen und Ersetzen |
| Hilfe | Hilfe | WORD-Hilfe |
| Überprüfen | abc, Editor | Rechtschreibung |
| Überprüfen | Thesaurus | Thesaurus |
| Überprüfen | Sprache | Sprache |

## 2.1 Blick auf das Dokument Ansicht

### Ansichtsarten

Du kannst dein WORD-Dokument in verschiedenen **Ansichten** anzeigen lassen. Diese suchst du dir hier aus:

- Register ANSICHT – GRUPPE ANSICHTEN

Dein Dokument wird so angezeigt:

LESEMODUS – nur zum Lesen, keine Bearbeitung möglich

DRUCKLAYOUT – wie es gedruckt wird

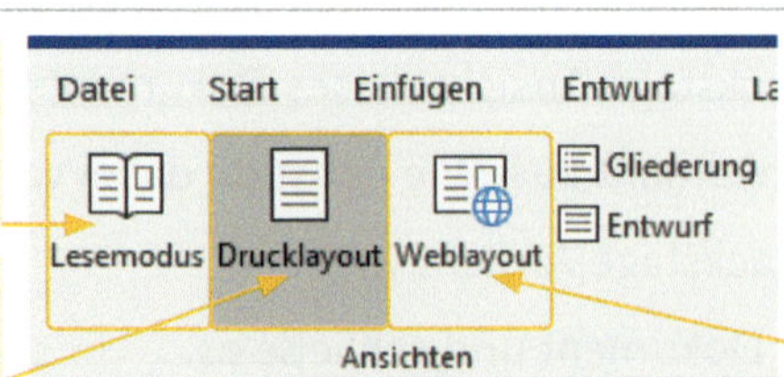


WEBLAYOUT – wie es auf einer Website zu sehen wäre

## Zoom

**Das Zoom** findest du in der Statusleiste rechts unten. Es ermöglicht dir das schnelle Vergrößern und Verkleinern des Dokuments. Schiebe den Schieberegler oder klicke auf die Plus- und Minus-Tasten.

## Bildlauf

Du kannst auf verschiedene Weisen rasch durch dein Dokument navigieren:

navigieren = ansteuern, sich hinbewegen.

- Mit dem **Scrollrad auf der Maus**
- Mit den **Pfeiltasten auf der Tastatur.** Die Pfeiltasten bewegen die Einfügemarke zeichenweise nach links oder rechts bzw. eine Zeile nach oben oder unten. Die Einfügemarke wird dort positioniert, wo du hinnavigierst.

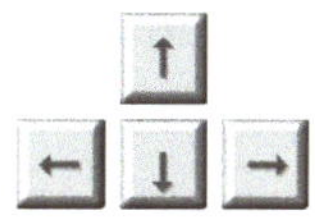

- Die **Bildlaufleiste** ermöglicht rasches Navigieren im Dokument. Die Einfügemarke bleibt dabei, wo sie ist.
- Mit folgenden **Sondertasten** kommst du schneller an bestimmte Positionen in deinem Dokument:

| Taste | | Taste | |
|---|---|---|---|
| Pos1 | Zeilenanfang | Bild ↑ | Bildschirmseite nach oben |
| Ende | Zeilenende | Bild ↓ | Bildschirmseite nach unten |

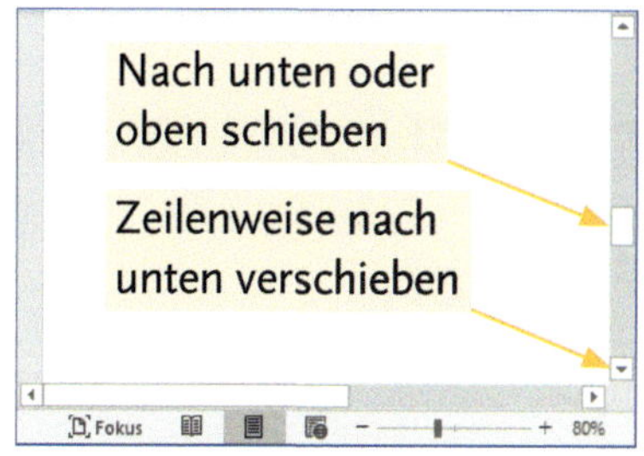


Die Bildlaufleiste

### SCHRITT FÜR SCHRITT: SO KANNST DU DEIN WORD-DOKUMENT GUT ANZEIGEN LASSEN

1. Register ANSICHT – Gruppe ANSICHTEN – DRUCKLAYOUT auswählen.
2. Gruppe ANZEIGEN – LINEAL auswählen.
3. In der ZOOM-Anzeige ganz unten rechts stellst du dir nun den besten Ausschnitt deines Dokuments ein.
4. Mit dem Maus-Scrollrad und den Pfeiltasten kannst du nun ganz schnell durch dein Dokument navigieren.

Mit dem Scrollrad bewegst du dich schnell durch dein Dokument.

### DAS SOLLTEST DU SPEICHERN

Du kannst deine Dokumente auf verschiedene Arten anzeigen lassen. Am besten schreibst und bearbeitest du sie im DRUCKLAYOUT, weil du da alles ganz genau siehst.

### TrainingsBox – „Blick auf das Dokument“

- Probiere verschiedene Ansichtsarten und den Bildlauf aus.
  a) Öffne das Dokument **Bildlauf_u.docx.**
  b) Sieh dir dieses Dokument in verschiedenen Ansichten an.
  c) Übe die verschiedenen Funktionen des Bildlaufs. Scrolle hinauf und hinunter. Nutze dafür auch die Sondertasten.

## 2.2 Markieren, korrigieren, Text einfügen

Du kannst natürlich auch mit der Maus die gewünschten Textteile auswählen.

Wort markieren

### Markieren

Markieren

Bevor du Texte, Tabellen, Grafiken usw. bearbeiten kannst, musst du sie markieren. Das geht so:

- Einfügemarke an die Anfangsposition stellen (mit Pfeiltasten oder mit der PC-Maus)
- ⇧-Taste drücken und Einfügemarke an die Endposition setzen.

Du kannst den **gesamten Text** ganz schnell mit folgender Tastenkombination markieren: Strg + A

### Korrigieren ← Entf

Fehlger

Fehlger

Wenn du beim Schreiben einen Fehler machst, korrigierst du so:

- Mit der Sofortkorrektur- oder ←-Taste. Diese drückst du mit dem kleinen Finger der rechten Hand. Das Zeichen links neben der Einfügemarke wird gelöscht.
- Mit der Entf-Taste. So wird das Zeichen rechts neben der Einfügemarke gelöscht.

Du kannst größere Textteile ganz schnell so löschen:

- Text markieren und die Entf-Taste oder die ←-Taste drücken.

### Text einfügen

einfüen

Willst du einen Textteil in einen vorhandenen Text einfügen, stellst du die Einfügemarke an die gewünschte Position und schreibst den fehlenden Text. Der bereits vorhandene Text wird nach rechts verschoben.

**Aha!**

Wenn du einen Text in einen bereits vorhandenen Text einfügst und der Text rechts daneben beim Tippen gelöscht wird, dann ist der ÜBERSCHREIBEN-MODUS aktiviert. Mit Klick auf die Einfg-Taste wird dieser Modus wieder deaktiviert.

### TrainingsBox – „Markieren, korrigieren, Text einfügen“

- Bearbeite einen Text.

a) Öffne das Dokument **Tanzen_u.docx** und speichere es unter **Tanzen1.docx.**

b) Übe die unterschiedlichen Markierungsarten.

c) Schreibe am Ende des Textes ein fehlerhaftes Wort und korrigiere den Fehler mit der ←-Taste.

d) Korrigiere folgende Wörter: „Amerika“ → „Kuba“, „Foxtrott“ → „Discofox“

e) Lösche den letzten Absatz. Füge vor dem ersten Absatz den Text „Verschiedene Tanzarten“ ein.

f) Speichern nicht vergessen!

## 2.3 Die Zwischenablage Zwischenablage

Die **Zwischenablage** ist ein **Zwischenspeicher für das kurzzeitige Speichern und Übertragen** von Daten auf einem Computer. Hast du z. B. einen Text (oder ein Bild) an einer Stelle ausgeschnitten oder kopiert und möchtest ihn/es an einer anderen Stelle wieder einfügen, verwendest du die Zwischenablage. Das funktioniert auch zwischen unterschiedlichen Programmen.

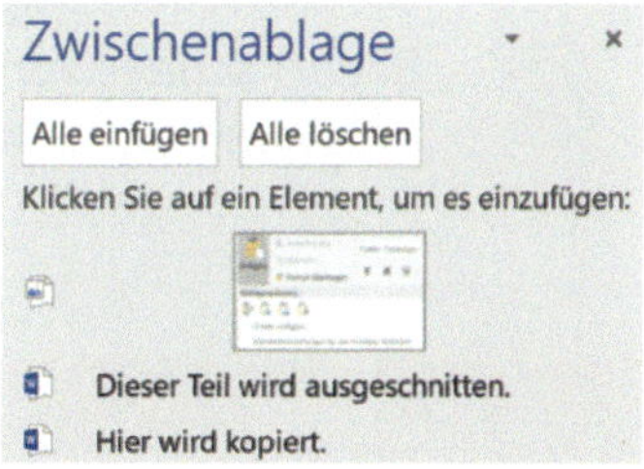

Der kopierte Teil bleibt so lange in der Zwischenablage, bis ein anderer kopiert bzw. ausgeschnitten wird oder bis das Dokument geschlossen wird. Man geht so vor: **Markieren – Kopieren – neue Textstelle suchen (auch in anderer Anwendung möglich) – Einfügen.** Daher brauchst du folgende Befehle dafür:

### Ausschneiden Strg + X

- Textteil markieren
- Kontextmenü – AUSSCHNEIDEN
- Oder START – ZWISCHENABLAGE – AUSSCHNEIDEN

### Kopieren Strg + C

- Textteil markieren
- Kontextmenü – KOPIEREN
- Oder START – ZWISCHENABLAGE – KOPIEREN
- Oder Strg + ziehen mit der linken Maustaste **(= Drag-and-drop)**

### Einfügen Strg + V

- An die gewünschte Position stellen
- Kontextmenü – EINFÜGEN und Einfügeoption auswählen
- Oder START – ZWISCHENABLAGE – EINFÜGEN

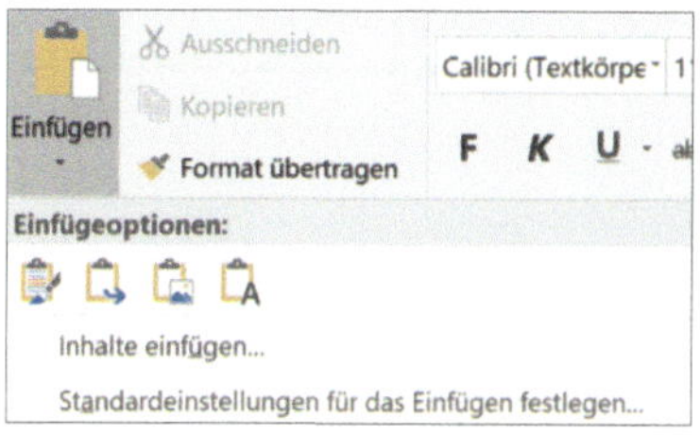


Beim Einfügen von Texten kannst du verschiedene Formatierungen auswählen.

### Verschieben

Textteile von einer Position an eine andere zu verschieben, funktioniert am einfachsten mittels **Drag-and-drop.**

- Textteil markieren
- Strg + linke Maustaste drücken
- Textteil an die gewünschte Stelle ziehen.

### Rückgängigmachen – Wiederherstellen

Es kann passieren, dass Textstellen **unabsichtlich gelöscht** oder Textteile **falsch formatiert** werden. Getätigte Schritte können wieder rückgängig gemacht werden.

- ↶ in der Schnellzugriffsleiste
- Oder Strg + Z

Hast du zu viele Schritte rückgängig gemacht, kannst du sie wiederherstellen.

- ↻ in der Schnellzugriffsleiste
- Oder Strg + Y

**DAS SOLLTEST DU SPEICHERN**

Die **Zwischenablage** ist ein sehr wichtiges Tool, um Texte (oder Bilder) schnell von einer Stelle an eine andere oder von einem Programm in ein anderes zu kopieren oder zu verschieben.

## TrainingsBox – „Die Zwischenablage“

- Trainiere das Bearbeiten von Text mit der Zwischenablage.

a) Öffne das Dokument **Tanzarten_u.docx** und speichere es unter **Tanzarten2.docx.**

b) Vertausche die beiden Tanzarten inklusive Textkörper.

c) Öffne das Dokument **Tanzarten1.docx** und kopiere den Text.

d) Füge den kopierten Text im Dokument **Tanzarten2.docx** an erster Stelle ein.

e) Speichern nicht vergessen!

## 2.4 Suchen und Ersetzen

Suchen · Ersetzen

WORD kann für dich in einem Dokument Wörter suchen und bei Bedarf automatisch ersetzen.

### SCHRITT FÜR SCHRITT: WÖRTER SUCHEN

1. Register START – Gruppe BEARBEITEN – SUCHEN (Suchen)
   Oder: Strg + F
2. Der Aufgabenbereich NAVIGATION erscheint links auf dem Bildschirm

3. Suchbegriff eingeben
4. Der Suchbegriff wird im gesamten Text gelb hinterlegt und Textpassagen mit dem Suchbegriff werden im Aufgabenbereich angezeigt.
5. Klick auf die gesuchte Textpassage im Aufgabenbereich
6. Der gesuchte Text wird angezeigt und kann bearbeitet werden

## SCHRITT FÜR SCHRITT: WÖRTER ERSETZEN

1. Register START – GRUPPE BEARBEITEN – ERSETZEN (Ersetzen)
2. Suchbegriff und Ersatzbegriff eingeben

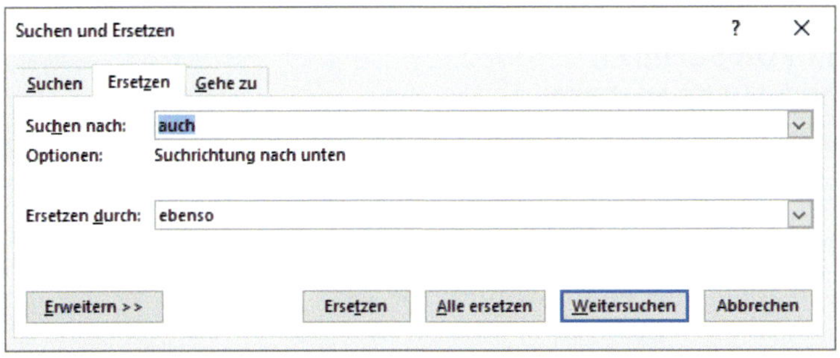


3. WEITERSUCHEN
4. Das erste gefundene Wort wird grau hinterlegt angezeigt
5. - Klick auf ERSETZEN, wenn das Wort ersetzt werden soll
   - Klick auf WEITERSUCHEN, wenn das Wort nicht ersetzt werden soll
   - Klick auf ALLE ERSETZEN, wenn alle Wörter im Text ohne Rückfrage ersetzt werden sollen
6. Nachdem WORD den Suchvorgang beendet hat, erscheint ein Dialogfeld mit der Information, wie viele Wörter ersetzt wurden

Achtung bei der Funktion ALLE ERSETZEN! Es kann leicht passieren, dass WORD Wörter ersetzt, die man nicht ersetzt haben möchte.

**Beispiel**
Du möchtest das Wort „auch“ durch das Wort „ebenso“ ersetzen. Achtung: Das Wort „auch“ steckt ebenso in den Wörtern „Hauch“, „pfauchen“, „rauchen“ etc. Die Wörter, in denen das Wort „auch“ steckt, nicht ersetzen!

auch

Hauch

pfauchen

rauchen

### DAS SOLLTEST DU SPEICHERN

Mit der Funktion SUCHEN UND ERSETZEN kannst du schnell ein häufig verwendetes Wort austauschen.

Suchen · Ersetzen

## TrainingsBox – „Suchen und Ersetzen“

- Ersetze einige Wörter.
  - a) Öffne das Dokument **Baustoffe_u.docx** und speichere es unter **Baustoffe1.docx.**
  - b) In welchen Wörtern kommt das Wort „ich“ vor?
  - c) Ersetze das Wort „niedrige“ durch „geringe“.
  - d) Ersetze das Wort „zerzupft“ durch „zerfasert“.
  - e) Ersetze das Wort „und“ durch „sowie“ bei passenden Textpassagen.
  - f) Speichern nicht vergessen!

## 2.5 Die WORD-Hilfe

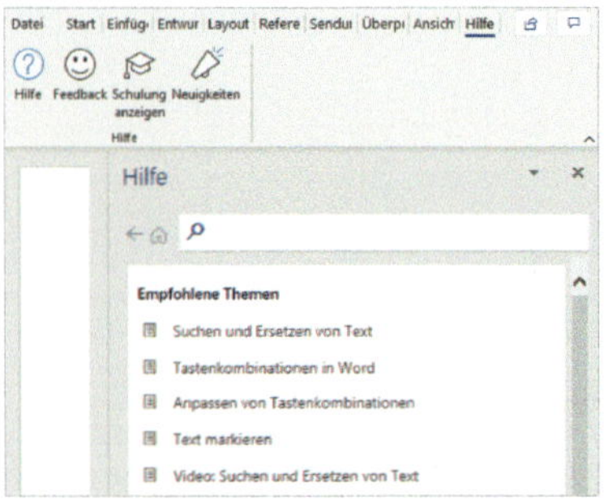


Auch online findest du zahlreiche Hilfestellungen, z. B. unter https://support.microsoft.com.

Eine interaktive Übung dazu findest du in der TRAUNER-DigiBox.

Im Register HILFE findest du Hilfestellungen bei Problemen und Anleitungen zur Bedienung des Programms.

### SCHRITT FÜR SCHRITT: DIE WORD-HILFE NUTZEN

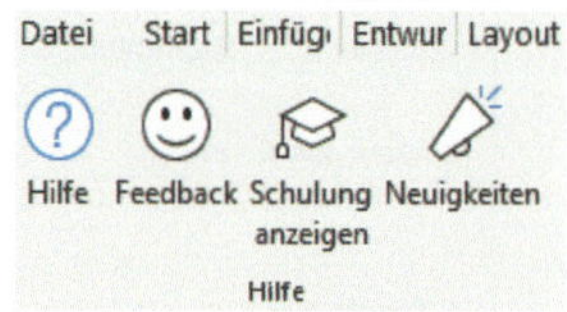


1. Register HILFE – Befehl HILFE
2. Gib im Suchfeld deinen Suchbegriff ein – ↵
3. Wähle aus den angegebenen Antworten eine aus

### TrainingsBox – „Die WORD-Hilfe"

- Nutze die WORD-Hilfe.
  a) Recherchiere in der WORD-Hilfe über „Rechtschreibung".
  b) Fasse mit deiner Banknachbarin/deinem Banknachbarn kurz zusammen, was in der Hilfe über „Rechtschreib- und Grammatikprüfung und mehr in WORD" steht.
  c) Klicke im Register HILFE auf SCHULUNG ANZEIGEN und wähle SCHREIBEN UND BEARBEITEN – ANZEIGEN DER WORTANZAHL aus.
  d) Lies diesen Text und notiere dir, wo die Anzahl der Wörter deines Dokumentes angezeigt wird.

## 2.6 Rechtschreibung

WORD hilft dir beim Schreiben! Das Programm kann automatisch **Fehler entdecken und ausbessern** – und zwar Rechtschreib- und Grammatikfehler. Diese Funktionen heißen AUTOKORREKTUR, RECHTSCHREIB- und GRAMMATIKPRÜFUNG.

### AutoKorrektur

Die AutoKorrektur bessert, **während du schreibst,** manche deiner Fehler automatisch aus. Sie ist in WORD standardmäßig aktiviert. Du kannst sie aber ausschalten oder an deine Wünsche anpassen.

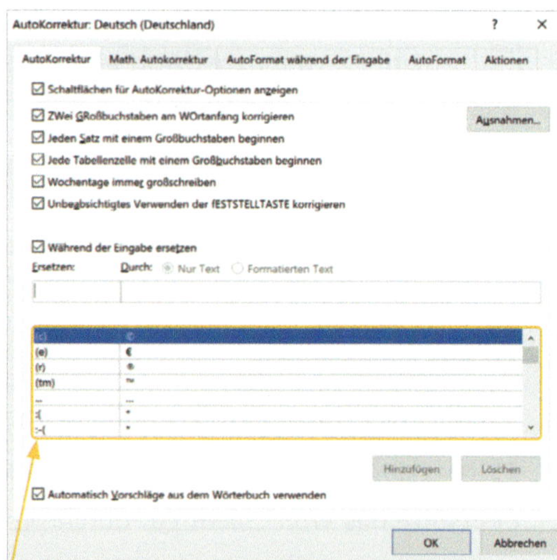


Alle diese Wörter werden automatisch korrigiert. Du kannst diese Liste nach deinen Wünschen bearbeiten.

**Aha!**
Standardmäßig werden folgende Aktionen automatisch korrigiert:
- Typische Tippfehler (z. B. „dsa" → „das")
- Zwei aufeinanderfolgende GRoßbuchstaben am WOrtanfang
- Nach einem Satzpunkt wird automatisch großgeschrieben
- Unbeabsichtigtes Drücken der fESTSTELLTASTE wird korrigiert

Diese Einstellungen kannst du in den AutoKorrektur-Optionen vornehmen:

- Datei – Optionen – Dokumentprüfung – AutoKorrektur-Optionen...

Ändert WORD eine Aktion automatisch, kannst du diesen Schritt sofort rückgängig machen, indem du auf Rückgängig klickst oder die Tastenkombination Strg + Z nutzt.

### Rechtschreibprüfung

Die **automatische Rechtschreibprüfung** läuft im Hintergrund, während du einen Text eingibst. Werden Rechtschreibfehler im Dokument gefunden, erscheint unten in der Statusleiste (= Infozeile ganz unten) das Icon und die Fehler werden folgendermaßen markiert:

Rechtschreibfeher → **Rote Wellenlinie** → Rechtschreibfehler

Grammatikfehler → **Blaue Unterstreichung** → Grammatikfehler

Wenn du in der Statusleiste dieses Icon siehst, wurden Fehler gefunden. Klicke darauf und die Fehler werden dir im Editor angezeigt.

Icon = Symbol.

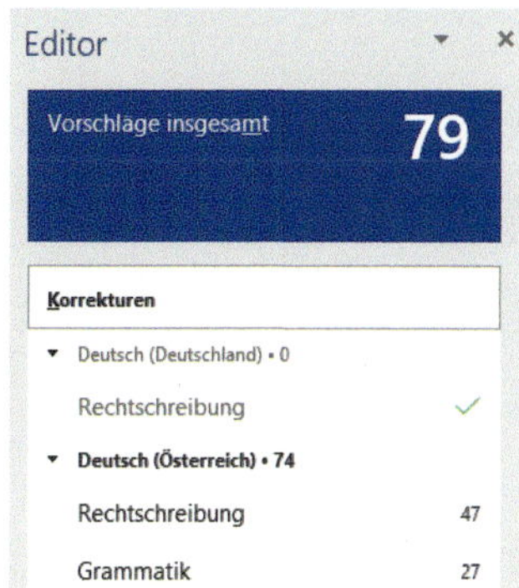


### Rechtschreib- und Grammatikprüfung im Dokument durchführen  Editor

Wenn du eine Rechtschreib- und Grammatikprüfung für das gesamte Dokument durchführen möchtest, gehe folgendermaßen vor:

- Überprüfen – Rechtschreibung – Editor
- Der Editor für die Rechtschreib- und Grammatikprüfung wird geöffnet – WORD gibt dir Korrekturvorschläge für Rechtschreibung und Grammatik vor – wähle sie mit Klick aus.

## TrainingsBox – „Rechtschreibung"

**1.** Nutze die Autokorrektur.

a) Öffne ein neues WORD-Dokument und speichere es unter **Hilfetext1.docx.**

b) Öffne die WORD-Hilfe und gib den Suchbegriff „AutoKorrektur" ein.

c) Öffne die dazu passenden Links.

d) Kopiere jeweils den Hilfetext und füge ihn in dein Dokument ein.

e) Lies den Text und besprich ihn mit deiner Banknachbarin/deinem Banknachbarn.

f) Sieh dir die AutoKorrektur-Optionen an und besprich mit deiner Sitznachbarin/deinem Sitznachbarn, welche Funktionen für euch aus welchem Grund wichtig sind.

**2.** Nutze die Rechtschreibprüfung.

a) Öffne das Dokument **Rechtschreibprüfung_u.docx** und speichere es unter **Rechtschreibprüfung1.docx.**

b) Starte die Rechtschreib- und Grammatikprüfung (Überprüfen – Editor) und klicke auf die Vorschläge von WORD. Wähle aus, ob WORD korrigieren soll oder nicht.

c) Überprüfe, ob WORD falsch geschriebene Wörter übersehen hat.

d) Besprich das Ergebnis der Prüfung mit deiner Banknachbarin/deinem Banknachbarn.

BONUS LEVEL

## 2.7 Thesaurus

**Synonym** = eine andere Bezeichnung für etwas, ein bedeutungsgleiches Wort.

Der Thesaurus ist ein **Synonym-Lexikon.** Hier findest du Vorschläge, welche Wörter man durch andere ersetzen kann, um Wortwiederholungen zu vermeiden. Wenn du also beim Schreiben nicht weiterweißt, ist der Thesaurus eine großartige Hilfe.

- Kontextmenü auf das Wort (= rechte Maustaste) – SYNONYME
- Synonym auswählen oder THESAURUS

**Beispiel**

Jana schreibt einen Brief und erzählt von ihrem Hund. Damit sie nicht immer das gleiche Wort nennt, markiert sie den Begriff Hund und klickt auf THESAURUS. Dieser bietet nun verschiedene Begriffe an:

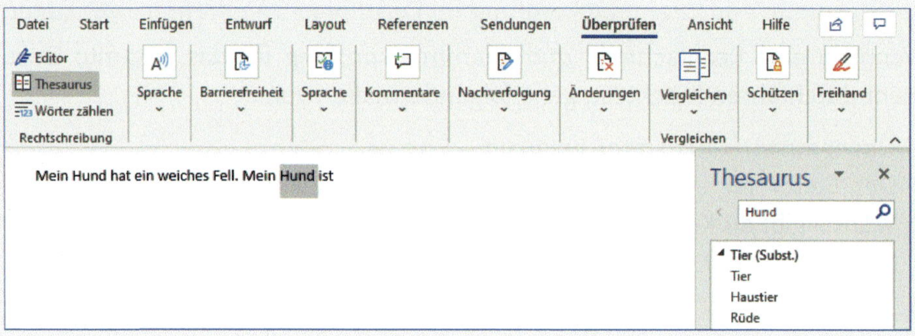


## 2.8 Sprache

WORD erkennt beim Eingeben des Textes automatisch die Sprache. Diese wird dann eingestellt und es wird das Wörterbuch in der ausgewählten Sprache verwendet. Erkennt WORD die Sprache nicht automatisch, kannst du sie **selbst festlegen.**

- Textteil markieren – Register ÜBERPRÜFEN – SPRACHE – SPRACHE FÜR DIE KORREKTURHILFEN FESTLEGEN

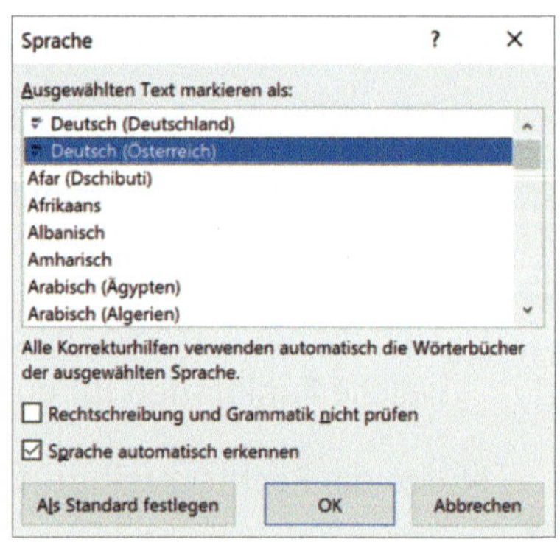


BONUS LEVEL ENDE

# 3 WORD-Dokumente designen

Ilker und Mark sind dabei, eine Einladung für eine Halloween-Party zu designen. Zum Glück weiß Ilker, wie man mit Formatierungen in WORD arbeitet, damit die Einladung cool aussieht. Mark ist begeistert, was man mit WORD alles machen kann!

In WORD hast du viele verschiedene Möglichkeiten, das Aussehen deines Dokumentes zu gestalten. Mit einer **ansprechenden Formatierung** kannst du die **Aufmerksamkeit** der Leserin/des Lesers sehr stark beeinflussen. Außerdem schaut ein klug formatierter Text gut aus.

Es gibt viele verschiedene Möglichkeiten, in WORD das Erscheinungsbild deiner Textdokumente zu verbessern.

Besprecht, wer von euch schon Erfahrungen hat, WORD-Dokumente so zu gestalten, dass sie cool aussehen und nicht wie eine Schreibmaschinenseite.

Du kannst das Design deines Dokuments oder von Textteilen auch nachträglich festlegen oder ändern.

formatieren = die Gestaltung der Zeichen oder Wörter (z. B. Schriftart, größe oder -farbe) verändern

| | Du kannst | Name | Das findest du hier: |
|---|---|---|---|
| 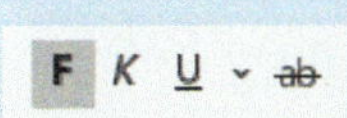 | die Zeichen deines Dokuments formatieren | Zeichenformatierung | Gruppe SCHRIFTART |
| 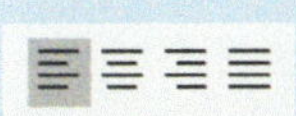 | ganzen Absätzen ein einheitliches Aussehen geben | Absatzformatierung | Gruppe ABSATZ |
| 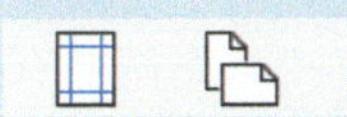 | das Aussehen deiner Seite gestalten | Seite einrichten | Register LAYOUT |
|  | den Seitenhintergrund gestalten | Seitenhintergrund | Register ENTWURF |
|  | Kopf- und Fußzeilen einfügen | Kopf- und Fußzeile | Register EINFÜGEN |
| 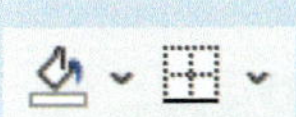 | Rahmenlinien und Schattierungen nutzen | z. B. Rahmen, Schattierungen | Gruppe ABSATZ |
| 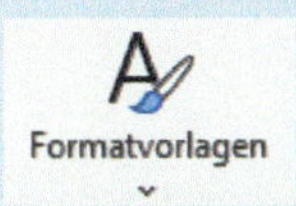 | von WORD vorgegebene Layouts anwenden | Dokumentvorlagen, Formatvorlagen und Dokumentdesigns | Gruppe FORMATVORLAGEN oder Register ENTWURF – Gruppe DOKUMENTFORMATIERUNG |
| 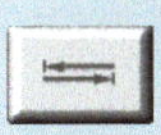 | mit Tabulatoren Listen erstellen | Tabulator | Tabulator-Taste |
|  | Tabellen einfügen | Tabelle | Register EINFÜGEN – Gruppe TABELLEN |
|  | Illustrationen einfügen | Bilder, Formen, Piktogramme, SmartArts, Diagramme | Register EINFÜGEN – Gruppe ILLUSTRATIONEN |

### DAS SOLLTEST DU SPEICHERN

Du kannst den gesamten Text, Textteile oder Überschriften formatieren, indem du zuerst die betreffenden Zeichen **markierst** und dann (z. B. mit der Maus) die **Formatierung auswählst.** Die Befehle für die Formatierungen findest du im Menüband, im Kontextmenü oder in der Minisymbolleiste.

Die Minisymbolleiste erleichtert die Arbeit in WORD.

### Minisymbolleiste

Wenn du einen Textteil markierst, erscheint direkt darüber die **Minisymbolleiste** mit den wichtigsten bzw. häufig verwendeten Formatierungsmöglichkeiten. Hier kannst du ganz schnell die wichtigsten Formatierungen auswählen.

**Aha!**
Mit der **Livevorschau** kannst du dir in den OFFICE-Programmen die einzelnen Formatierungen anzeigen lassen, bevor du sie auswählst. Du brauchst nur mit der Maus darauf zeigen.

## 3.1 Zeichen formatieren

Buchstaben, Ziffern, Schrift- und Sonderzeichen werden **Zeichen** genannt und können in WORD formatiert werden. Alle diese Änderungen findest du in der Gruppe SCHRIFTART im Register START.

### So einfach geht's! – „Zeichen formatieren"

Ilker schreibt die Eckdaten für seine Halloween-Einladung auf. Mark beschwert sich: „Das sieht doch langweilig aus!" Ilker grinst: „Warte, ich bin ja noch nicht fertig!"

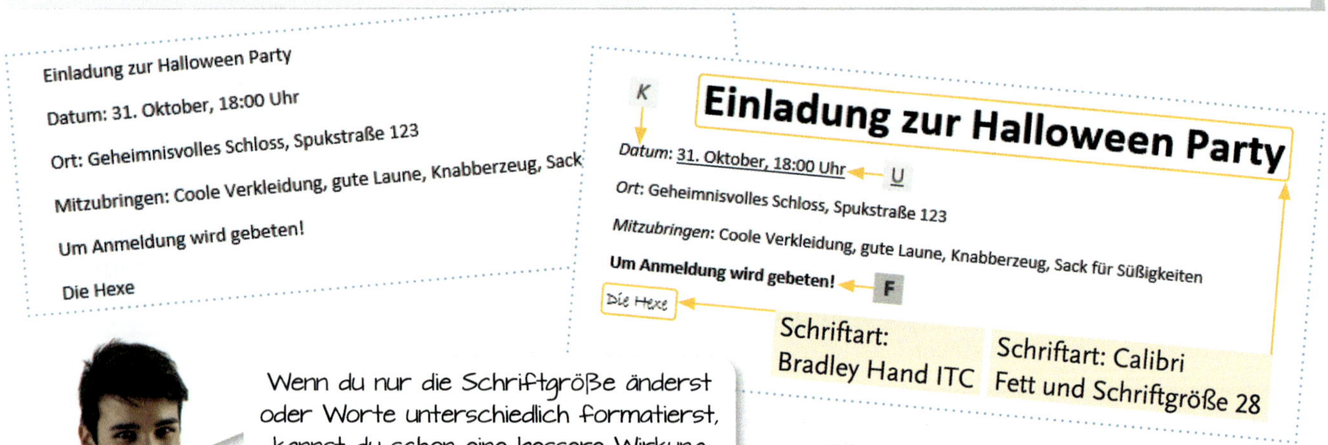

Wenn du nur die Schriftgröße änderst oder Worte unterschiedlich formatierst, kannst du schon eine bessere Wirkung für dein WORD-Dokument erzielen. Und die Unterschrift machen wir in einer anderen Schriftart. Schau mal hier!

### Schriftart ändern

Times New R

Mit der Wahl der **Schriftart** kannst du bestimmen, ob deine **Schrift** *wie eine Handschrift* aussieht oder **wie in der Zeitung gedruckt** oder **ganz klassisch:**

- START – SCHRIFTART – Listenfeld SCHRIFTART
- Schriftarten werden aufgelistet
- Durch Klick auf die Schriftart wird diese ausgewählt

### Schriftgröße ändern 12

Dabei wird die **Größe** der Schrift verändert. Die Schriftgröße wird in der Maßeinheit Punkt angegeben. Ein Punkt entspricht ca. 0,35 mm.

- START – SCHRIFTART – Listenfeld SCHRIFTGRAD
- Schriftgrad wählen oder direkt in das Listenfeld eingeben

Die Schriftgröße kann auch durch Klick auf die Symbole SCHRIFTGRAD VERGRÖSSERN A^ oder VERKLEINERN A˅ verändert werden.

### Fett, Kursiv, Unterstreichung und Durchgestrichen F K U ab

Mit diesen Formatierungen werden vor allem **einzelne Wörter** in einem Dokument hervorgehoben. Wichtige *Informationen* im Text sollen dabei besonders auffallen. Unterstrichene Textteile solltest du nicht oft verwenden, sie erschweren das Lesen des Textes. Falscher Text kann auch mit einer Linie ~~mitten durch das Wort~~ durchgestrichen werden.

- START – SCHRIFTART
- Formatierung auswählen

### Texteffekte und Typografie

Du kannst auch **zusätzliche Effekte** wie Konturen, Schatten, Spiegelung und Leuchteffekte für markierten Text anwenden.

- START – Dialogfeld SCHRIFTART – TEXTEFFEKTE UND TYPOGRAFIE
- Texteffekt auswählen – TEXTFÜLLUNG oder TEXTKONTUR

### Texthervorhebungsfarbe

Besonders wichtige Informationen und Textteile können wie mit einem Leuchtstift hervorgehoben werden. Dafür wählst du im Listenfeld die gewünschte Farbe aus.

- START – SCHRIFTART – Farbe auswählen im Listenfeld TEXTHERVORHEBUNGSFARBE

### Schriftfarbe ändern

Wenn du die **Farbe deiner Schrift** ändern willst, wählst du im Listenfeld die gewünschte **Farbe** aus. Je nachdem, welches Design du ausgewählt hast, stehen dir die passenden Designfarben zu Verfügung. Die Standardfarben bleiben immer gleich.

- START – SCHRIFTART – FARBE AUSWÄHLEN im Listenfeld SCHRIFTFARBE

### Format übertragen

Du kannst Formatierungen kopieren und mit einem Klick auf andere Textteile übertragen.

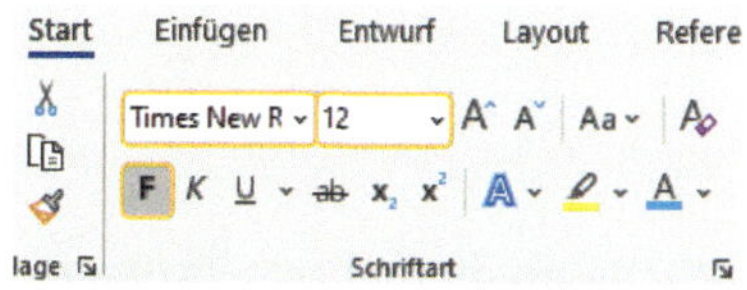


Im Register START findest du die Gruppe SCHRIFTART, wo du alle wichtigen Zeichenformatierungen ändern kannst. Hier ist die Schriftart Times New Roman ausgewählt, in der Schriftgröße 12 Punkt und fett gedruckt.

Typografie = die Kunst, Texte ansprechend und lesefreundlich zu gestalten.

Wenn du keinen Textteil markiert hast, erscheint dein Mauszeiger als Markierstift für die Texthervorhebungsfarbe. Damit markierst du die gewünschten Stellen. Zum Beenden Esc-Taste drücken.

Wenn du mehrere Textteile auf diese Weise formatieren möchtest, machst du einen Doppelklick auf . Zum Beenden Esc-Taste drücken oder nochmals auf FORMAT ÜBERTRAGEN klicken.

## SCHRITT FÜR SCHRITT: FORMAT ÜBERTRAGEN

1. Textteil, dessen Formatierung übernommen werden soll, markieren
2. In der Minisymbolleiste den Befehl FORMAT ÜBERTRAGEN auswählen
   Oder: START – ZWISCHENABLAGE – FORMAT ÜBERTRAGEN
3. Der Mauszeiger erscheint in Form eines Pinsels
4. Danach den Textteil markieren, der die gleiche Formatierung erhalten soll

### Formatierung löschen

Gesamte Formatierungen kannst du entweder mit der Tastenkombination ⇧ + Leertaste löschen oder so:

- Register START – Gruppe SCHRIFTART – Button ALLE FORMATIERUNGEN LÖSCHEN

**DAS SOLLTEST DU SPEICHERN**

Mit den **Zeichenformatierungen** kannst du die Eigenschaften deiner geschriebenen Zeichen ändern (Schriftart, Schriftfarbe, Schriftgröße etc.).

### Dialogfeld Schriftart

Im Dialogfeld SCHRIFTART findest du eine **Übersicht** über viele Änderungsmöglichkeiten.

- Register START – Gruppe SCHRIFTART
- Oder rechter Mausklick – Kontextmenü SCHRIFTART.

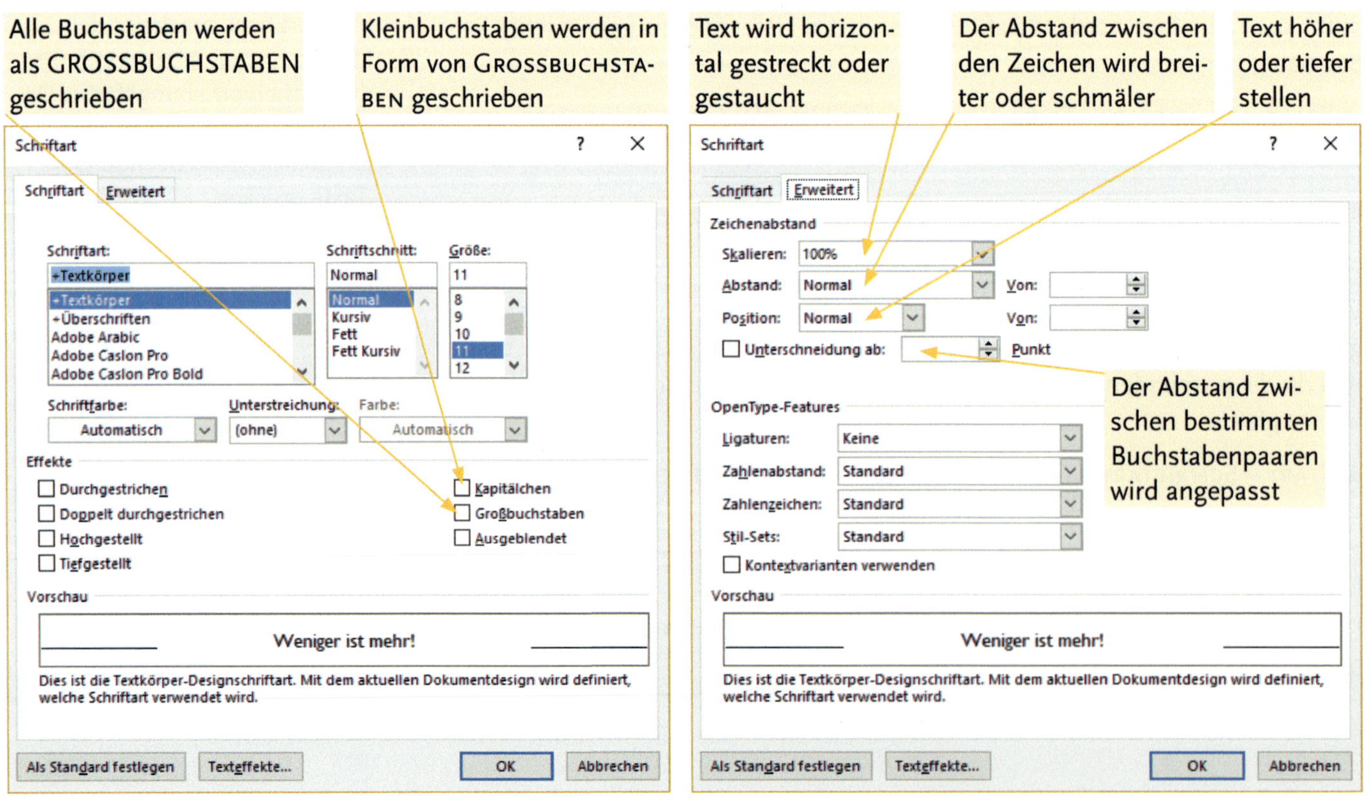

## TrainingsBox – „Zeichen formatieren“

**1.** Trage die Namen der verschiedenen Zeichenformatierungen in die Felder ein.

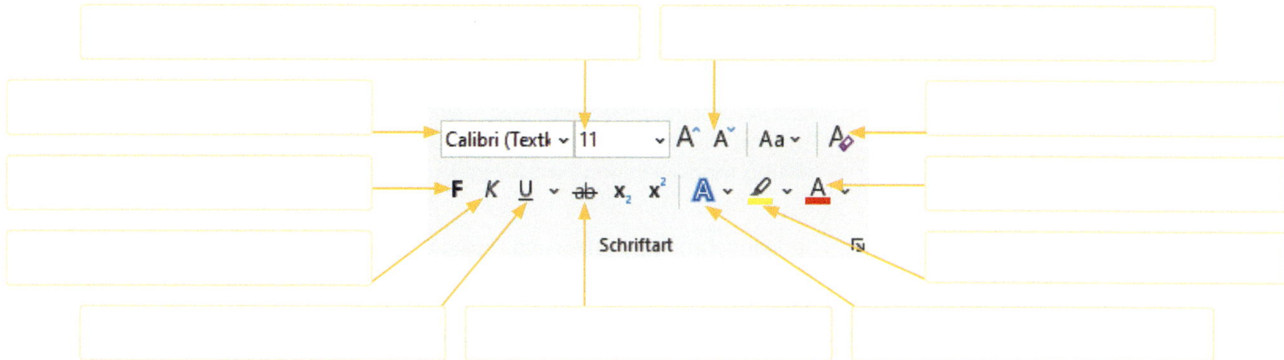


**2.** Erstelle ein neues WORD-Dokument und speichere es unter **Obst1.docx.** Schreibe zuerst die folgenden Begriffe ab und formatiere sie anschließend jeweils in der beschriebenen Formatierung: z. B. **Himbeere** – Tahoma Fett 12 rosa hinterlegt. Die Ziffer gibt die Schriftgröße an. Speichern nicht vergessen!

- **Ananas** – Cooper Black 20 fett
- **Banane** – Stencil 16 kursiv
- **Kiwi** – Bodoni MT Black 22 unterstrichen
- **Limette** – Elephant 18 blau
- **Mandarine** – Vrinda 28 grelles Grün schattiert
- **Pflaume** – Arial Rounded MT Bold 18 kursiv durchgestrichen
- **Weintraube** – Forte 24 unterstrichen orange
- **Pfirsich** – Comic Sans MS 36
- **Apfel** – Century Gothic 15 fett aquamarin Grossbuchstaben
- **Brombeere** – Harrington 16 Abstand: breit von: 4 Pt.
- **Granatapfel** – Ravie 18 fett kursiv unterstrichen
- **Johannisbeere** – Monotype Corsiva 22 leuchtender Text
- **Kirsche** – Sitka Text 24 Kontur gelb
- **Mango** – Garamond 20 doppelt unterstrichen
- **Orange** – High Tower Text 24 orange unterstrichen
- **Birne** – Broadway 22 Fett Umriss gelbgrün
- **Heidelbeere** – Goudy Stout 16 dunkelblau
- **Grapefruit** – Verdana 18 fett Wellen unterstrichen rosa
- **Feige** – Jokerman 28 orange

**3.** In deinem Leben wirst du vermutlich auch Briefe schreiben müssen. Um das zu üben, gestaltest du im ersten Schritt das Briefpapier. Dafür richtest du für den Briefkopf den Absender ein.

a) Erstelle ein neues WORD-Dokument und speichere es unter **Geschäftsbrief1.docx.** Schreibe folgenden Text ab. Dann formatiere die einzelnen Bereiche möglichst ähnlich wie in der Vorlage.

HOTEL POST
6534 SERFAUS | Schönegg 8 | ÖSTERREICH/AUSTRIA
Tel. +43 5476 265 36-0 | E-Mail office@hotel-post.at | www.hotel-post.com

- Erste Zeile mit Logo: Schriftart: Bernard MT Condensed, Schriftgröße 26
- Zweite Zeile mit Adresse: Schriftart Garamond, Schriftgröße 10
- Dritte Zeile mit Telefonnummer: Schriftart Garamond, Schriftgröße 9

Ein Muster, wie ein Geschäftsbrief aussehen muss, findest du in der TRAUNER-DigiBox.

b) Zum Schluss formatiere den Absender so, wie es dir am besten gefällt. Dieses Dokument speichere unter **Geschäftsbrief2.docx.**

**4.** Schreibe den nachfolgenden Text in ein leeres WORD-Dokument und speichere es unter **2000 IT-Fachkräfte fehlen.docx.** Danach formatiere den Text nach Anleitung.

- Formatiere den Text mit der Schriftart Arial und Schriftgröße 12.
- Gestalte die Überschrift mit der Schriftgröße 14 und fett.
- Die Internetadresse hat die Schriftgröße 9.
- Beende die Absätze mit der Eingabetaste.
- Die ersten vier Sätze sind kursiv zu schreiben, die Wörter „Standort“ und „Österreich“ kursiv und fett.

Speichern nicht vergessen!

**2000 IT-Fachkräfte fehlen**

*„Der* ***Standort Österreich*** *ist nahe an der europäischen Spitze. Wir sind das drittreichste Land in Europa und das fünftreichste in der OECD. An sich müssten wir auch bei Innovationen Spitze sein – sind wir aber nicht. Der Mangel an qualifiziertem Personal ist zum Hemmschuh geworden“,* Gerhard Riemer, Bereichsleiter für Bildung, Innovation und Forschung der Industriellenvereinigung.

Der Mangel an Fachkräften und Topleuten könnte Wohlstandseinbußen von zwei bis drei Millionen Euro nach sich ziehen. Riemer sieht eine Lücke von 1 000 Wissenschaftern, Forschern und Technikern jährlich, was langfristig zu einer Verlagerung von Investitionen führen könnte.

www.die-wirtschaft.at

**5.** Öffne das Dokument **Wandern_u.docx** und speichere es unter **Wandern1.docx.** Führe folgende Aufgaben und Formatierungen durch:

- Überschrift: Bradley Hand ITC 18 Punkt, fett – Schriftfarbe grün, Akzent 6, dunkler 25 %
- Texteffekt: Leuchten – Leuchteffekt 5 Pt, grün, Akzentfarbe 6
- Textkörper: Corbel 11 Punkt
- Erster und letzter Satz: fett, Schriftfarbe grün, Akzent 6, dunkler 25 %
- Im Text wird folgender Text mit einer dunkelgelben Texthervorhebungsfarbe hinterlegt: „Unberührte Natur der Alpen“ und „Zahlreiche gut markierte Wanderwege“
- Quelle: Corbel 8 Punkt, kursiv

Speichern nicht vergessen!

**Wo Natur zum Erlebnis wird**

**An der frischen Luft durch die Wälder Österreichs wandern. Familienspaß ohne Grenzen ...**

Berge, Seen, idyllische Plätze und jede Menge Sonne: Das alles bieten unsere Wandergebiete dem Naturliebhaber. Ideale Voraussetzungen für unvergessliche Wandererlebnisse.

Auf der Sonnenseite der Alpen gelegen, verbindet die Region zwischen dem Salzkammergut und dem Naturpark Zirbitzkogel-Grebenzen die spektakuläre, unberührte Natur der Alpen mit der warmen Herzlichkeit Österreichs. Körperliche und seelische Höhenflüge ohne Grenzen erwarten den Besucher im wildromantischen Mondsee, in der Gasteiner Bergwelt, dem Großglocknergebiet oder am unvergesslichen Sobothpass. Zahlreiche gut markierte Wanderwege führen zu den schönsten Plätzen, verborgensten Winkeln und aussichtsreichsten Gipfeln!

**Das Ziel vor Augen, ein fordernder Aufstieg und ein faszinierendes Bergpanorama!**

*Quelle: Wandern und Genießen in Österreich, 2010*

**6.** Öffne das Dokument **Wandern1.docx** und speichere es unter **Wandern2.docx.** Führe folgende Aufgaben und Formatierungen durch:

- Lösche alle Formatierungen, auch die Texthervorhebungsfarbe.
- Textkörper: 10 Punkt
- Überschrift: Schriftfarbe Orange, Akzent 6, dunkler 25 %, Kapitälchen, fett, Skalierung 130 %, Schriftgröße 16 Punkt
- 1. Absatz: kursiv
- letzter Absatz: fett, Schriftfarbe Orange, Akzent 6, dunkler 25 %
- Quelle: 9 Punkt kursiv

Speichern nicht vergessen!

**WO NATUR ZUM ERLEBNIS WIRD**

*An der frischen Luft durch die Wälder Österreichs wandern. Familienspaß ohne Grenzen ...*

Berge, Seen, idyllische Plätze und jede Menge Sonne: Das alles bieten unsere Wandergebiete dem Naturliebhaber. Ideale Voraussetzungen für unvergessliche Wandererlebnisse.

Auf der Sonnenseite der Alpen gelegen, verbindet die Region zwischen dem Salzkammergut und dem Naturpark Zirbitzkogel-Grebenzen die spektakuläre, unberührte Natur der Alpen mit der warmen Herzlichkeit Österreichs. Körperliche und seelische Höhenflüge ohne Grenzen erwarten den Besucher im wildromantischen Mondsee, in der Gasteiner Bergwelt, dem Großglocknergebiet oder am unvergesslichen Sobothpass. Zahlreiche gut markierte Wanderwege führen zu den schönsten Plätzen, verborgensten Winkeln und aussichtsreichsten Gipfeln!

**Das Ziel vor Augen, ein fordernder Aufstieg und ein faszinierendes Bergpanorama!**

*Quelle: Wandern und Genießen in Österreich, 2010*

## 3.2 Absatz formatieren

Die **Absatzformatierung** ist zuständig für das Aussehen eines Absatzes (oder auch mehrerer).

| | Du kannst | Name |
|---|---|---|
| | die Text-Ausrichtung im Absatz bestimmen | ABSATZAUSRICHTUNG |
| | den Abstand zwischen den Zeilen und zwischen den Absätzen festlegen | ZEILEN- UND ABSATZ-ABSTAND |
| | Absätze breiter oder schmäler machen | ABSATZEINZUG |
| | Listen und Aufstellungen erstellen | AUFZÄHLUNGEN UND NUMMERIERUNGEN |

**DAS SOLLTEST DU SPEICHERN**

Wird ein Absatz formatiert, musst du diesen vorher markieren. Die verschiedenen **Absatzformatierungen** findest du hier:

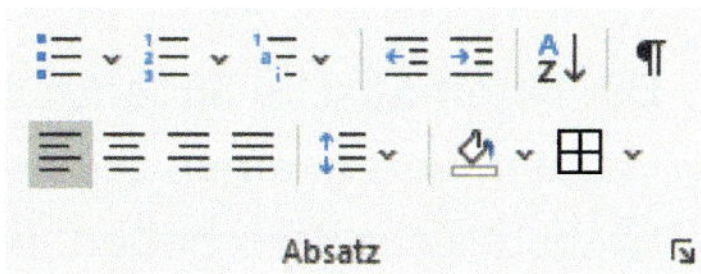


- Register START – Gruppe ABSATZ

**Aha!**

Es ist wichtig, dass du weißt, wo der Absatz zu Ende ist. Das siehst du an der **Absatzmarke** (= Absatzzeichen) ¶. Sie markiert das Ende eines Absatzes. Ein neuer Absatz beginnt mit Betätigen der Eingabetaste. Wenn du die **nichtdruckbaren Zeichen** sichtbar machst, kennst du dich immer aus.

Mit ¶ (START – ABSATZ – ALLE ANZEIGEN) kannst du die Absatzmarke bzw. die nichtdruckbaren Zeichen anzeigen lassen.

**Nichtdruckbare Zeichen =** Formatierungshilfen, wie Absatzmarken, Tabulatoren, Leerzeichen, die nur im Programm und nicht am Ausdruck sichtbar sind.

### 3.2.1 Absatzausrichtung

**So einfach geht's! – „Absatzausrichtung"**

Weiter geht es mit der Halloween-Einladung. Ilker zeigt Mark, wie es geht.

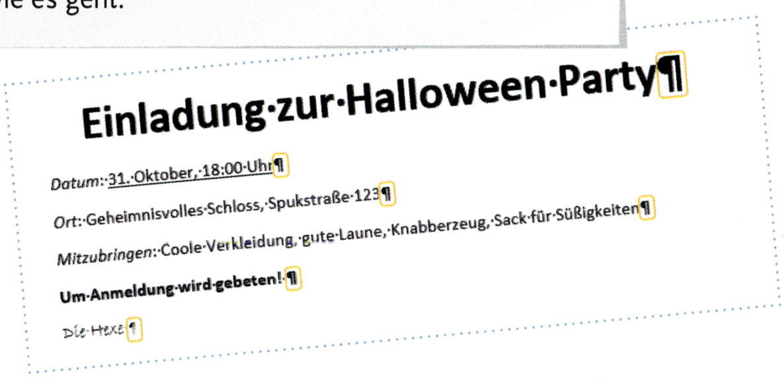
Einladung·zur·Halloween·Party¶
Datum:·31.·Oktober,·18:00·Uhr¶
Ort:·Geheimnisvolles·Schloss,·Spukstraße·123¶
Mitzubringen:·Coole·Verkleidung,·gute·Laune,·Knabberzeug,·Sack·für·Süßigkeiten¶
Um·Anmeldung·wird·gebeten!·¶
Die·Hexe¶

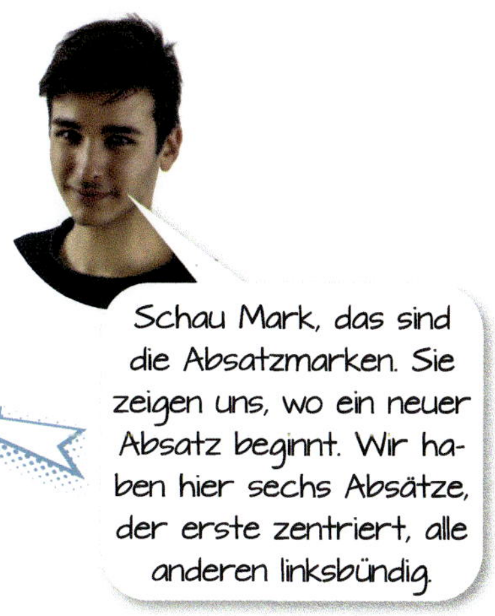

Jeder Absatz kann unterschiedlich ausgerichtet werden. Es gibt vier Arten, wie der Text im Absatz ausgerichtet sein kann: linksbündig, zentriert, rechtsbündig oder Blocksatz.

- START – ABSATZ – Ausrichtung auswählen

| Absatzausrichtung | |
|---|---|
| Linksbündig | Bitte rufen Sie uns umgehend zurück. |
| Zentriert | Bitte rufen Sie uns umgehend zurück. |
| Rechtsbündig | Bitte rufen Sie uns umgehend zurück. |
| Blocksatz | Bitte rufen Sie uns umgehend zurück. Bitte rufen Sie uns umgehend zurück. Bitte rufen Sie uns umgehend zurück. Bitte rufen Sie uns umgehend zurück. |

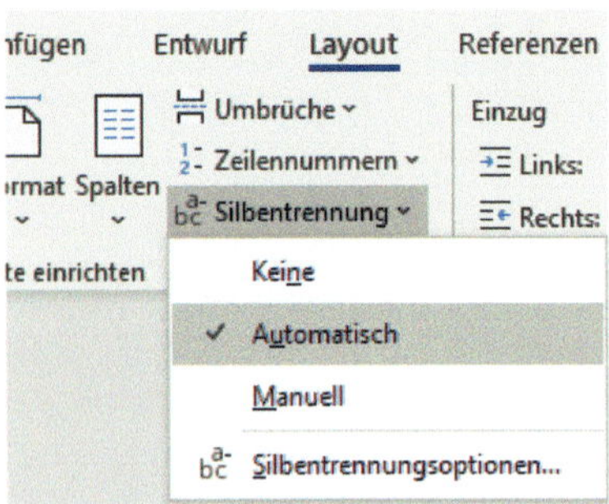


Die automatische Silbentrennung gleicht unterschiedliche Zeilenlängen im Blocksatz aus.

**Aha!**

**Die automatische Silbentrennung verschönert den Blocksatz**
Hat ein Wort in einer Zeile nicht mehr Platz, wird es automatisch in die nächste Zeile verschoben. Beim Blocksatz kann das manchmal seltsam aussehen. Wenn du die automatische Silbentrennung aktivierst, werden manche Wörter bei den Silben getrennt und damit kürzer. Dadurch kannst du die unterschiedlichen Zeilenlängen ausgleichen.

- Register LAYOUT – Gruppe SEITE EINRICHTEN – SILBENTRENNUNG – AUTOMATISCH

**DAS SOLLTEST DU SPEICHERN**

Um die Abstände zwischen den einzelnen Wörtern beim Blocksatz ausgleichen zu können, musst du die **automatische Silbentrennung** aktivieren.

### 3.2.2 Zeilen- und Absatzabstand

| | |
|---|---|
| **Zeilenabstand** | Du kannst den Abstand zwischen den Zeilen einstellen |
| **Absatzabstand** | Du kannst den Abstand zwischen den Absätzen einstellen |

Ein Text mit größerem Zeilenabstand lässt sich leichter lesen.

**Zeilenabstand**

- Absatz markieren
- START – ABSATZ – ZEILEN- UND ABSATZABSTAND
- Zeilenabstand wählen

Standardmäßig fügt WORD einen Zeilenabstand von MEHRFACH 1,08 ein und einen ABSTAND NACH ABSATZ von 8 Punkt.

**Absatzabstand**

- Absatz markieren
- START – ABSATZ – ZEILEN UND ABSATZABSTAND
- ABSTAND VOR ABSATZ HINZUFÜGEN bzw. ABSTAND NACH ABSATZ ENTFERNEN

Unter ZEILENABSTANDSOPTIONEN... kannst du die Einstellungen für beide anpassen:

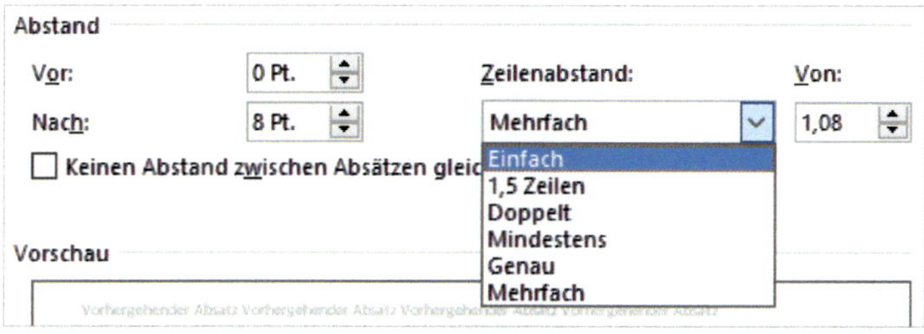


## So einfach geht's! – „Zeilen- und Absatzabstand"

Mark fragt: „Was machen wir mit der Anfahrtsbeschreibung in unserer Halloween-Einladung? Die braucht so viel Platz!"

Da ändern wir in den ZEILENABSTANDSOPTIONEN folgendes: ZEILENABSTAND: Einfach und ABSTAND NACH: 0.

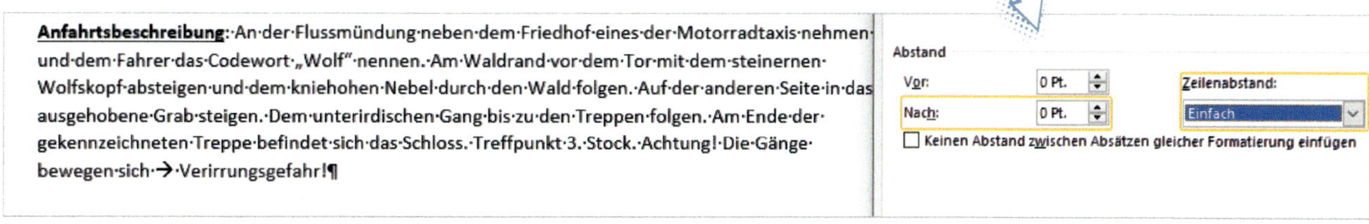

**Anfahrtsbeschreibung:** An der Flussmündung neben dem Friedhof eines der Motorradtaxis nehmen und dem Fahrer das Codewort „Wolf" nennen. Am Waldrand vor dem Tor mit dem steinernen Wolfskopf absteigen und dem kniehohen Nebel durch den Wald folgen. Auf der anderen Seite in das ausgehobene Grab steigen. Dem unterirdischen Gang bis zu den Treppen folgen. Am Ende der gekennzeichneten Treppe befindet sich das Schloss. Treffpunkt 3. Stock. Achtung! Die Gänge bewegen sich → Verirrungsgefahr!¶



### 3.2.3 Absatzeinzug

Absätze können mit **Absatzeinzügen** breiter oder schmäler gemacht werden (d. h., der linke oder rechte Zeilenrand rückt ein).

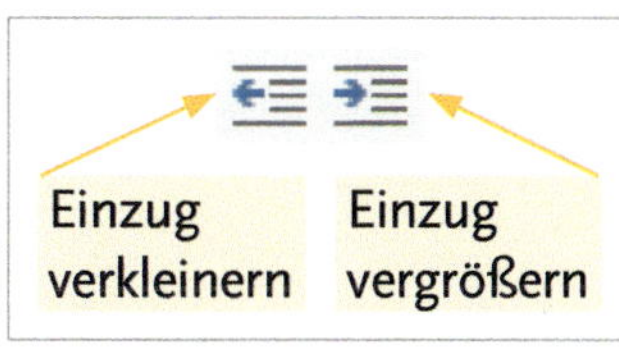


Einzüge kannst du z. B. über das Lineal festlegen (Einzugsmarken im Lineal).

Ein **Einzug** bezeichnet einen Leerraum zu Beginn oder am Ende der Zeile.

Eine interaktive Übung dazu findest du in der TRAUNER-DigiBox.

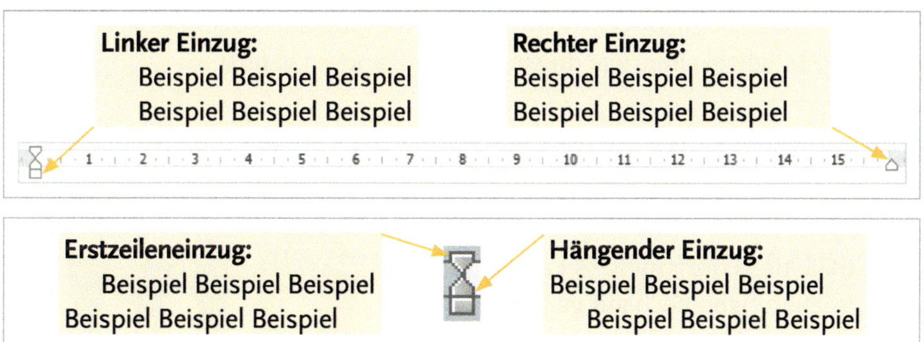

## So einfach geht's! – „Absatzeinzug"

Weiter geht es mit der Halloween-Einladung.

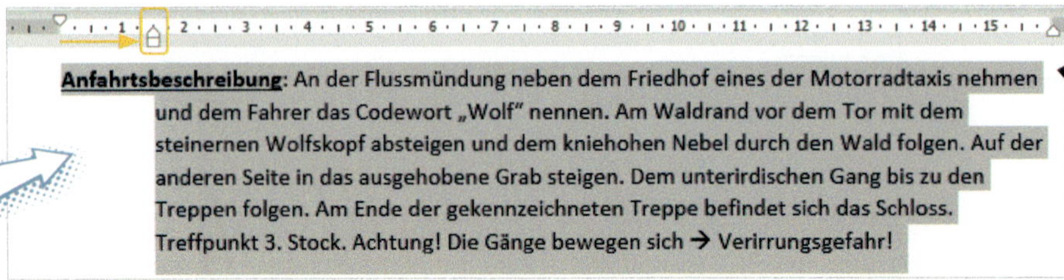

**Anfahrtsbeschreibung**: An der Flussmündung neben dem Friedhof eines der Motorradtaxis nehmen und dem Fahrer das Codewort „Wolf" nennen. Am Waldrand vor dem Tor mit dem steinernen Wolfskopf absteigen und dem kniehohen Nebel durch den Wald folgen. Auf der anderen Seite in das ausgehobene Grab steigen. Dem unterirdischen Gang bis zu den Treppen folgen. Am Ende der gekennzeichneten Treppe befindet sich das Schloss. Treffpunkt 3. Stock. Achtung! Die Gänge bewegen sich → Verirrungsgefahr!

Am besten rücken wir die Anfahrtsbeschreibung ein: Absatz markieren und im Lineal mit der Maus das untere Dreieck nach rechts ziehen.

### 3.2.4 Dialogfeld Absatz

Absatz

Im Dialogfeld ABSATZ kannst du viele Absatzformatierungen (z. B. zu den Einzügen und Abständen) einstellen.

- START – Gruppe ABSATZ – Dialogfeld ABSATZEINSTELLUNGEN
- Oder: Rechter Mausklick (Kontextmenü) – ABSATZ

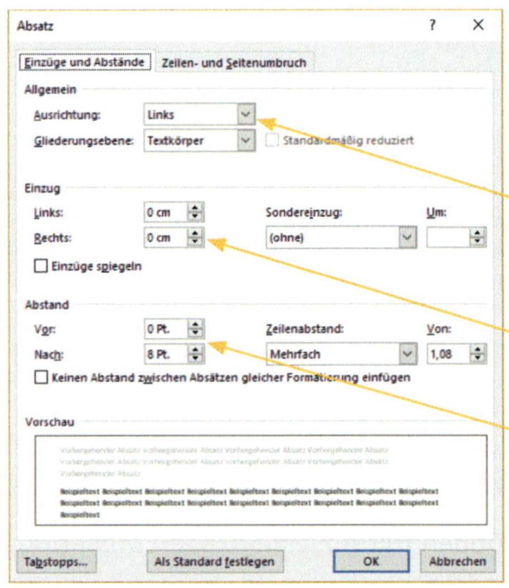


Absatzausrichtung

Absatzeinzug

Zeilen- und Absatzabstand

### DAS SOLLTEST DU SPEICHERN

Mit den **Absatzformatierungen** kannst du die Eigenschaften deiner Absätze ändern (Zeilenabstand, Ausrichtung, Absatzeinzug u. a.). Im Dialogfeld ABSATZ findest du eine Übersicht über die vielen Möglichkeiten, wie du einen Absatz ändern kannst.

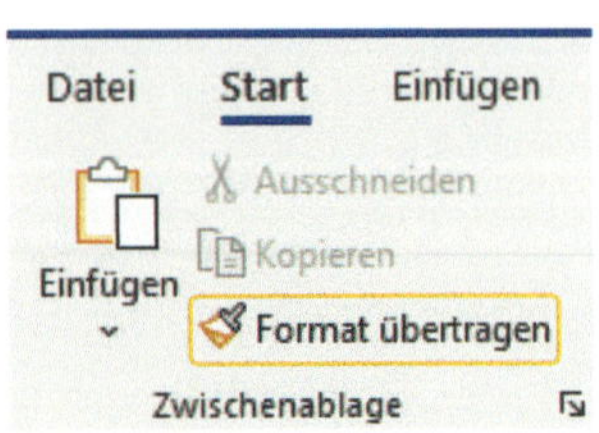


### Aha!

Mithilfe des Formatpinsels kannst du Formatierungen auch **auf ganze Absätze** übertragen. Markiere zuerst den Text mit der richtigen Formatierung. Danach klicke auf den Formatpinsel. Markiere mit dem Cursor den Text, auf den du die neue Formatierung übertragen willst.

## TrainingsBox – „Absatz formatieren“

**1.** Trage die Namen der verschiedenen Absatzformatierungen in die Felder ein.

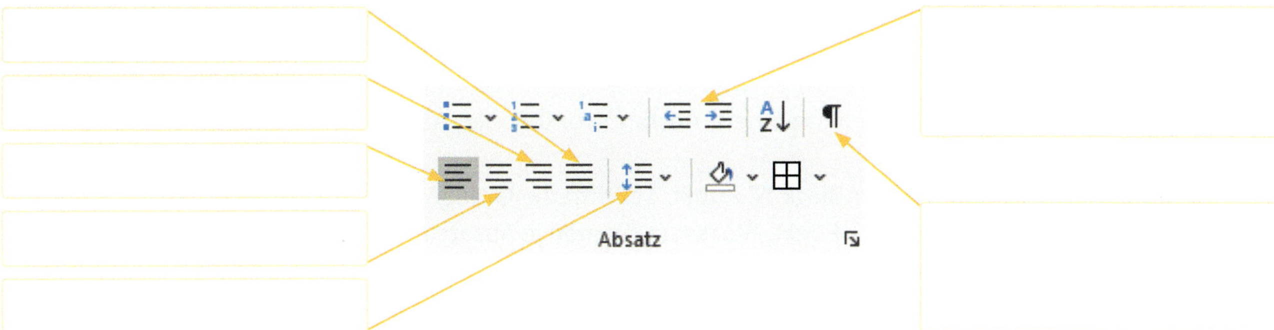


**2.** Übe nun die Absatzformatierung.

a) Öffne das Dokument **Dämmen_u.docx** und speichere es unter **Dämmen1.docx.**

b) Lass dir die Absatzmarken anzeigen (= mach die nichtdruckbaren Zeichen sichtbar).

c) Aktiviere die automatische Silbentrennung.

d) Sieh dir genau die Unterschiede zu vorher an: Mit der Tastenkombination Strg + Z (= Rückgängig machen) springst du einen Schritt zurück und mit Strg + Y (= Wiederherstellen) wieder vor. Dadurch wird die Automatische Silbentrennung ein- und wieder ausgeschaltet. Springe ein paarmal zurück und wieder vor und sieh dir die Unterschiede an.

e) Speichern nicht vergessen!

**3.** In der TrainingsBox „Zeichenformatierung“ hast du für deinen Geschäftsbrief im ersten Schritt einen Absender gestaltet. Nun kannst du im zweiten Schritt im Brieftext die Absatzformatierungen üben.

a) Erstelle ein neues WORD-Dokument, speichere es unter **Geschäftsbrief3.docx** und schreibe den folgenden Text ab:

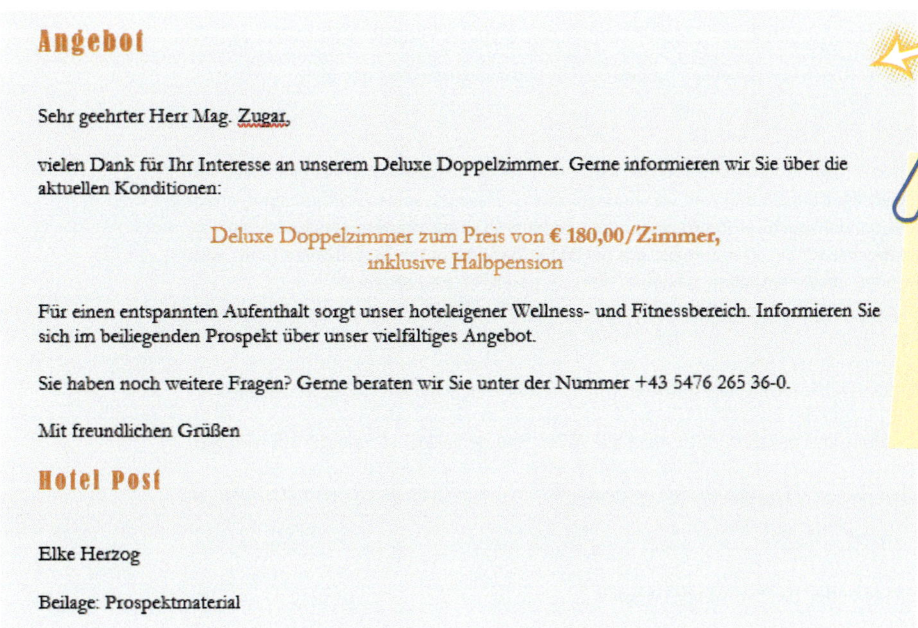

**Angebot**

Sehr geehrter Herr Mag. Zugar,

vielen Dank für Ihr Interesse an unserem Deluxe Doppelzimmer. Gerne informieren wir Sie über die aktuellen Konditionen:

Deluxe Doppelzimmer zum Preis von **€ 180,00/Zimmer,**
inklusive Halbpension

Für einen entspannten Aufenthalt sorgt unser hoteleigener Wellness- und Fitnessbereich. Informieren Sie sich im beiliegenden Prospekt über unser vielfältiges Angebot.

Sie haben noch weitere Fragen? Gerne beraten wir Sie unter der Nummer +43 5476 265 36-0.

Mit freundlichen Grüßen

**Hotel Post**

Elke Herzog

Beilage: Prospektmaterial

**Tipps:** Lass dir die Absatzmarken anzeigen und übertrage die Formatierung der Betreffzeile „Angebot“ mithilfe des Formatpinsels auf „Hotel Post“.

b) Verwendete Schriftarten: Bernard MT Condensed (Schriftgrößen 14 und 12) und Garamond (Schriftgrößen 11 und 12); Absatzausrichtungen: linksbündig und zentriert; Zeilenabstand: einfach; Linker Einzug: 2,5 cm Achte darauf, wo die Schrift fett ist!

c) Speichern nicht vergessen!

**4.** Trainiere verschiedene Absatzformatierungen.

a) Öffne das Dokument **Kürbis_u.docx** und speichere es unter **Kürbis1.docx.**

b) Führe folgende Aufgaben und Formatierungen durch:

- Aktiviere die automatische Silbentrennung
- Überschrift: Cooper Black 20 Punkt, fett; Schriftfarbe Orange, Absatzabstand nach 0 Punkt, zentriert
- 1. Absatz: Corbel 10 Punkt, kursiv, zentriert, Abstand vor 0 Punkt, Abstand nach 18 Punkt
- Zwischenüberschriften: Cooper Black 12 Punkt, Schriftfarbe Orange
- Restlicher Textkörper: Corbel 11 Punkt, Blocksatz (Wende je Absatz unterschiedliche Absatzeinzüge, Zeilen- und Absatzabstände an.)
- Quelle: 8 Punkt

c) Speichern nicht vergessen!

## Kürbis – kalorienarm und gesund

*Kürbisse galten lange Zeit als typisches Arme-Leute-Essen, ein Image, das sich mittlerweile allerdings grundlegend geändert hat. Kürbisse haben längst Einzug in die Haute Cuisine gehalten und sind vor allem im Herbst nicht mehr vom Speiseplan wegzudenken.*

### Der Kürbis – die größte Beere der Welt

Auch wenn es überrascht, bei Kürbissen handelt es sich – botanisch gesehen – um Beerenfrüchte. Von Beeren sprechen Botaniker/innen dann, wenn die Kerne der Früchte frei im Fruchtfleisch liegen, wie dies beispielsweise auch bei Ribiseln der Fall ist. Unglaublich, aber wahr: Die größten Kürbisexemplare bringen es tatsächlich auf über 600 kg – somit ist es keine Übertreibung, wenn Kürbisse als größte Beeren der Welt bezeichnet werden.

### Schmackhaft, gesund und kalorienarm

Die Sorten des Speisekürbis bestechen zunächst durch die vielfältigen Aromen – die Geschmackspalette reicht von fruchtig-herb über dezent-süßlich bis zu zart-nussig. Das Fruchtfleisch enthält kaum Kohlenhydrate, ist aber reich an wertvollen Vitaminen und Mineralstoffen und wegen seines hohen Wassergehalts ausgesprochen kalorienarm. Gegartes Kürbisfleisch ist leicht verdaulich, ballaststoffreich und daher sehr gut als Schon- und Reduktionskost geeignet.

### Kürbiskernöl

Neben dem Fruchtfleisch liefern auch die Kerne und das daraus gewonnene Öl einen wertvollen Ernährungsbeitrag. Kürbiskernöl wird von Kennern nicht nur wegen seines vollmundigen, nussigen Geschmacks, sondern auch aufgrund seines hohen Gehalts an ungesättigten Fettsäuren zum Verfeinern von Salaten verwendet. Das zumeist aus der Steiermark stammende „schwarze Gold" wird stets kalt verwendet, um die enthaltenen Nährstoffe nicht durch Hitze zu zerstören.

### Essbar oder giftig?

Kürbisse zählen zu den ältesten Kulturpflanzen der Welt, weit über 500 verschiedene Kürbissorten sind bekannt, doch nicht alle Arten sind genießbar. Grundsätzlich wird zwischen Zier- und Speisekürbissen unterschieden. Wie der Name bereits vermuten lässt, ist nur der Speisekürbis zum Verzehr geeignet, Zierkürbisse und bitter schmeckende Wildfrüchte dürfen nicht verwendet werden.

Quelle: www.gesund.co.at, 2012

BONUS LEVEL

### 3.2.5 Aufzählungen und Nummerierungen

**So einfach geht's! – „Aufzählungen und Nummerierungen“**

Ilker hat noch eine Idee für die Halloween-Einladung: „Damit keiner etwas vergisst, machen wir eine Liste, was mitzubringen ist. Die Dinge nummerieren wir.“ Mark ist einverstanden. Er setzt die Dinge untereinander.

Mitzubringen:·¶
Coole·Verkleidung¶
Gute·Laune¶
Knabberzeug¶
Sack·für·Süßigkeiten¶

Mitzubringen:·¶
1.→Coole·Verkleidung¶
2.→Gute·Laune¶
3.→Knabberzeug¶
4.→Sack·für·Süßigkeiten¶

Du kannst ganz einfach schöne Listen und Aufstellungen machen, indem du **Aufzählungszeichen bzw. Nummerierungen** nutzt. Jede einzelne Stelle wird dabei mit einem Aufzählungszeichen oder einer Nummerierung versehen.

#### SCHRITT FÜR SCHRITT: AUFZÄHLUNGSZEICHEN

1. Text schreiben und in Absätze gliedern
2. Absätze markieren, die Aufzählungszeichen erhalten sollen
3. START – ABSATZ – AUFZÄHLUNGSZEICHEN
4. AUFZÄHLUNGSZEICHEN auswählen oder NEUES AUFZÄHLUNGSZEICHEN DEFINIEREN...

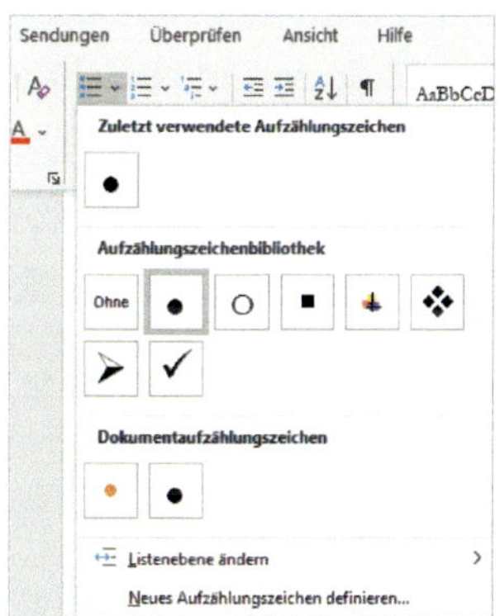

Der markierte Text wird von WORD mit der ausgewählten Nummerierung oder dem Aufzählungszeichen formatiert. Dabei werden die Absätze eingerückt und ein hängender Einzug wird automatisch erstellt.

#### SCHRITT FÜR SCHRITT: NUMMERIERUNG

1. Text schreiben und in Absätze gliedern
2. Absätze markieren, die nummeriert werden sollen
3. START – ABSATZ – NUMMERIERUNG
4. NUMMERIERUNGSFORMAT auswählen oder NEUES ZAHLENFORMAT DEFINIEREN...

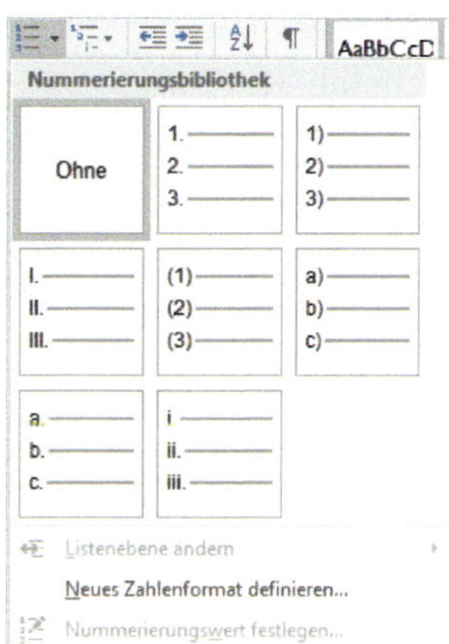

Nummerierung mit Zeilenumbruch: ⇧ + ↵

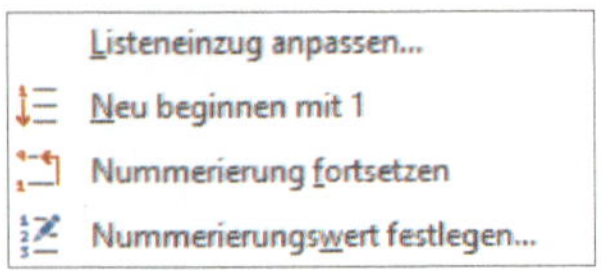


### Nummerierung/Aufzählungszeichen ...

| | |
|---|---|
| **... fortsetzen** | ■ Am Ende der Liste die Einfügemarke platzieren und die ↵-Taste drücken<br>■ Automatisch wird die nächste Zahl/das nächste Zeichen eingefügt |
| **... entfernen** | ■ Absätze markieren<br>■ START – ABSATZ – LISTENFELD NUMMERIERUNG/AUFZÄHLUNGSZEICHEN – OHNE |
| **... ändern** | ■ Absätze markieren<br>■ START – ABSATZ – LISTENFELD NUMMERIERUNG/AUFZÄHLUNGSZEICHEN – Format wählen |

### DAS SOLLTEST DU SPEICHERN

Bei **Aufzählungslisten** beginnt jeder Absatz mit einem Aufzählungszeichen. Bei **nummerierten Listen** beginnt jeder Absatz mit einer Zahl oder einem Buchstaben. Wenn man einen Absatz hinzufügt oder entfernt, wird die Nummerierung automatisch aktualisiert.

## TrainingsBox – „Aufzählungen und Nummerierungen"

**1.** In zwei früheren TrainingsBoxen hast du einen Geschäftsbrief begonnen. Nun kannst du im dritten Schritt das Angebot des Hotels mit einer Aufzählung genauer beschreiben.

a) Öffne das Dokument **Geschäftsbrief3.docx** und speichere es als **Geschäftsbrief4.docx.**

b) Schreibe die folgende Aufzählung direkt unter die beiden orangefarbigen zentrierten Zeilen:

c) Suche dir Aufzählungszeichen in der Farbe Orange.

d) Speichern nicht vergessen!

**Tipp:** Listenpfeil AUFZÄHLUNGSZEICHEN – NEUES AUFZÄHLUNGSZEICHEN DEFINIEREN – SCHRIFTART – Schriftfarbe wählen

**Zimmerausstattung:**

- Bad mit WC/Dusche
- Bademäntel für die Dauer Ihres Aufenthalts
- kostenfreie Pflegeprodukte
- Telefon
- DVD-Player
- kostenloses WLAN

**2.** Nutze Aufzählungszeichen.

a) Öffne das Dokument **Fernreisen_u.docx** und speichere es unter **Fernreisen1.docx.**

b) Führe folgende Aufgaben und Formatierungen durch:

- Überschrift: 16 Punkt, fett, Schriftfarbe Orange, Akzent 2, heller 40 %, Zeichenabstand breit, 3 Punkt, Großbuchstaben
- Grundregeln: Übertrage die Formatierung der Überschrift auf das Wort Grundregeln, 12 Punkt
- Quelle: 9 Punkt

c) Gestalte den Text mit Aufzählungszeichen deiner Wahl, ändere die Einzüge und die Farben der Aufzählungszeichen. Wechsle anschließend die Aufzählungszeichen durch Nummerierungen aus.

**TIPPS UND TRICKS FÜR FERNREISEN**

Bei Langstreckenflügen bestehen auch für den gesunden Reisenden gewisse Gefahren. Bei Flügen in Nord-Süd-Richtung ist es die Belastung durch plötzlichen Eintritt in einen anderen Klimaraum, bei Flügen in West-Ost-Richtung steht die Zeitverschiebung (Jetlag) im Vordergrund. An Bord selbst ist die Dehydratation aufgrund von

- niedriger Luftfeuchtigkeit im Flugzeug,
- geringer Flüssigkeitszufuhr,
- Alkoholgenuss,
- Koffein,
- gezuckerten Getränken und
- vermehrter Schweißproduktion durch hohe Bordtemperatur
- von wesentlicher Bedeutung.

**GRUNDREGELN:**

- ✓ Reichlich Flüssigkeitszufuhr, aber keinen Alkohol!
- ✓ Reichlich Bewegung während des Fluges – immer wieder aufstehen und Bewegungs- und Lockerungsübungen machen!
- ✓ Nicht rauchen!

Quelle: www.gesund.co.at, 2012

**3.** Setze Nummerierungen ein.

a) Öffne das Dokument **Reisetipps_u.docx** und speichere es unter **Reisetipps1.docx.**

b) Führe folgende Aufgaben durch:
- Überschrift: 18 Punkt, fett, Texteffekt Kapitälchen, Schriftfarbe Grün, Akzent 6, dunkler 25 %;
- Quelle: 8 Punkt.

c) Formatiere den Text mit einer Nummerierung deiner Wahl.

**Tipp:** Nummerierung mit Zeilenumbruch!

**SICHER REISEN, PAUSEN MACHEN**

Sommerzeit ist Reisezeit. Für viele beginnt die Reisezeit mit einer langen gefährlichen Autofahrt zum Urlaubsort. Hier ein paar Tipps, wie Sie sicher ankommen:

1. Pausen machen
   Alle 90 bis 120 Minuten ist eine Pause Pflicht
2. Trinken
   Trinken ist wichtig und erhält die Aufmerksamkeit
3. Kurze Etappen fahren
   1 000 Kilometer an einem Tag sind riskant und definitiv zu viel, wenn nur eine Person fährt
4. Kein Alkohol beim Fahren
   Alkohol entzieht Ihnen die Aufmerksamkeit
5. Der Beifahrer kann helfen
   Vermeiden Sie Konfliktgespräche, zu viele Emotionen lenken ab
6. Nichts Schweres essen
   Für den Heißhunger zwischendurch empfehlen sich Traubenzucker, Nüsse, Trockenfrüchte ...
7. Energy Drinks
   Sie sind nicht verboten – Alternative: Schwarzer Tee
8. Spiele, Filme, Bücher
   Vertreiben den Kindern auf dem Rücksitz die Zeit
9. Die Rückfahrt
   Vorsicht, wenn Sie einen Sonnenstich oder starken Sonnenbrand haben, sie verändern Ihren Wasser- und Elektrolythaushalt
10. Ausgeschlafen fahren
   Setzen Sie sich ausgeschlafen ans Steuer. Vermeiden Sie Fahrten Mitten in der Nacht

Quelle: Zeitschrift „Das Rote Kreuz", Ausgabe August 2013

BONUS LEVEL ENDE

## 3.3 Seite einrichten

In WORD bedeutet SEITE EINRICHTEN mehr als nur das Auswählen aus Hoch- und Querformat. Hier kannst du die Seitenränder, die Ausrichtung, die Papiermaße und vieles mehr festlegen. Im Menüband findest du die Einstellungsmöglichkeiten im Register LAYOUT.

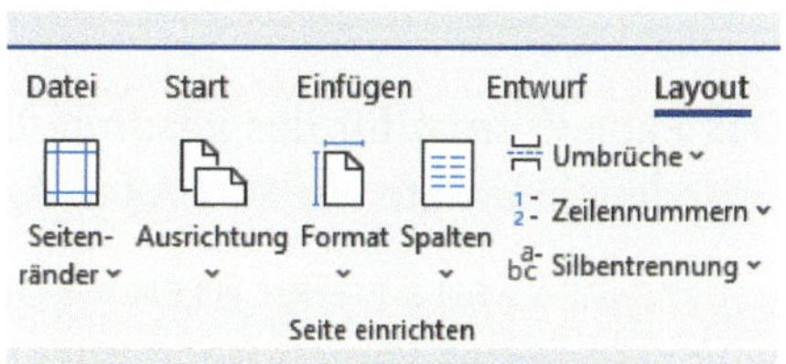


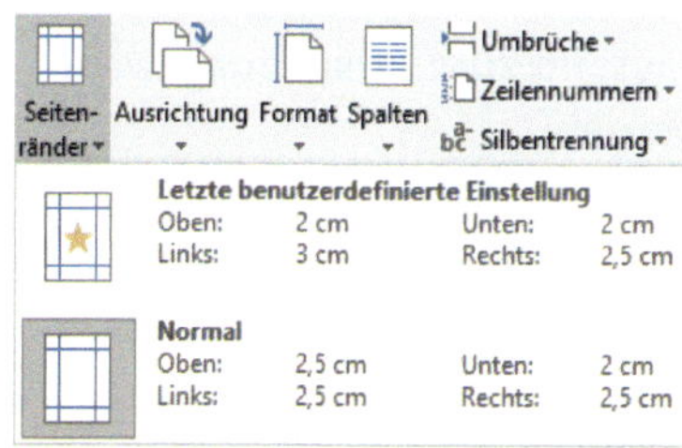


Wenn Seitenränder nur für bestimmte Bereiche des Dokumentes verändert werden sollen, muss das Dokument in Abschnitte geteilt werden.

### So einfach geht's! – „Seite einrichten"

Mark möchte unbedingt eine Spinne auf der Halloween-Einladung. Ilker schlägt vor: „Wir könnten die Einladung als Querformat einrichten. Dann falten wir sie in der Mitte und kleben vorne eine Spinne drauf."
Ilker hat noch eine Idee: „Und wenn wir den Seitenrand links auf 16 cm erweitern, haben wir den Text auf der gefalteten Einladung auf der rechten Seite!"

**Einladung zur Halloween Party**

Datum: 31. Oktober, 18:00 Uhr

Ort: Geheimnisvolles Schloss, Spukstraße 123

Mitzubringen:

1. Coole Verkleidung
2. Gute Laune
3. Knabberzeug
4. Sack für Süßigkeiten

**Um Anmeldung wird gebeten!**

Die Hexe

Anfahrtsbeschreibung: An der Flussmündung neben dem Friedhof eines der Motorradtaxis nehmen und dem Fahrer das Codewort „Wolf" nennen. Am Waldrand vor dem Tor mit dem steinernen Wolfskopf absteigen und dem kniehohen Nebel durch den Wald folgen. Auf der anderen Seite in das ausgehobene Grab steigen. Dem unterirdischen Gang bis zu den Treppen folgen. Am Ende der gekennzeichneten Treppe befindet sich das Schloss. Treffpunkt 3. Stock. Achtung! Die Gänge bewegen sich → Verirrungsgefahr!

## Seitenränder

Als Seitenrand wird der Abstand zwischen dem Rand des Textes und dem Papierrand bezeichnet. In WORD ist standardmäßig der untere Seitenrand mit 2 cm und der linke, rechte und obere mit 2,5 cm festgelegt. Die Seitenränder können nach Bedarf geändert werden.

- LAYOUT – SEITE EINRICHTEN – SEITENRÄNDER
- Vorgeschlagene oder BENUTZERDEFINIERTE SEITENRÄNDER auswählen

## Ausrichtung

Für die Seitenausrichtung gibt es zwei Möglichkeiten:

Die Seitenausrichtung muss passend zum Inhalt ausgewählt werden!

**Seitenausrichtung**

| Hochformat | Querformat |
| --- | --- |
| Dieses Format ist in WORD standardmäßig eingestellt und wird vor allem für Briefe, Protokolle, Verträge usw. verwendet. | Dieses Format der Seitenorientierung ist sinnvoll, wenn z. B. Tabellen oder Urkunden ausgedruckt werden sollen. |

- LAYOUT – SEITE EINRICHTEN – AUSRICHTUNG
- HOCH- oder QUERFORMAT wählen

Kennst du noch andere DIN-Formate außer dem DIN A4-Format? Notiere hier deine Überlegungen:

## Format

Das Papierformat für das gesamte Dokument oder für Abschnitte kann in verschiedene Formate wie DIN A4 o. Ä. geändert werden.

- LAYOUT – SEITE EINRICHTEN – FORMAT
- Vordefiniertes Papierformat oder WEITERE PAPIERFORMATE wählen

## Dialogfeld Seite einrichten

In diesem Dialogfeld kannst du die Seitenränder, das Papierformat und das Layout der Seite individuell einstellen.

Der Bundsteg fügt einen zusätzlichen Rand hinzu, damit bei der Bindung kein Text verdeckt wird

Möchtest du die Standardeinstellungen ändern, die automatisch für alle neuen Dokumente verwendet werden sollen, klicke auf die Schaltfläche ALS STANDARD FESTLEGEN.

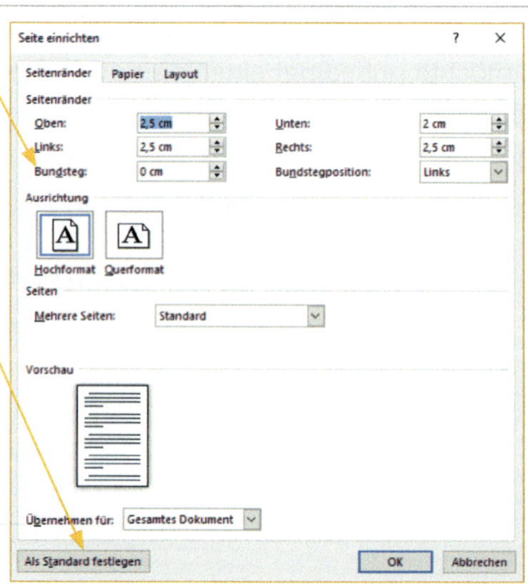

**DAS SOLLTEST DU SPEICHERN**

Wenn du deine **Seite einrichtest,** legst du die Seitenränder, die Ausrichtung, die Papiermaße und vieles mehr für dein Dokument fest. Die meisten Funktionen dazu findest du in den Registern LAYOUT und ENTWURF.

**TrainingsBox – „Seite einrichten"**

- Richte eine Seite ein. Gestalte dazu folgende Seite in WORD:
  a) Öffne das Dokument **Edelsteine_u.docx** und speichere es unter **Edelsteine2.docx.**
  b) Formatiere nach folgenden Angaben:
     - Ausrichtung: A4-Querformat
     - Seitenränder: oben und unten je 2 cm, links 3 cm und rechts 2,5 cm
  c) Speichern nicht vergessen!

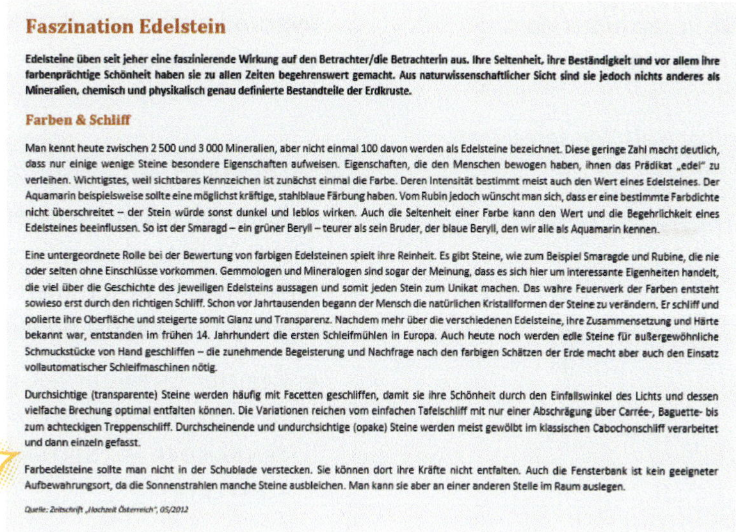

Faszination Edelstein

**Edelsteine üben seit jeher eine faszinierende Wirkung auf den Betrachter/die Betrachterin aus. Ihre Seltenheit, ihre Beständigkeit und vor allem ihre farbenprächtige Schönheit haben sie zu allen Zeiten begehrenswert gemacht. Aus naturwissenschaftlicher Sicht sind sie jedoch nichts anderes als Mineralien, chemisch und physikalisch genau definierte Bestandteile der Erdkruste.**

Farben & Schliff

Man kennt heute zwischen 2 500 und 3 000 Mineralien, aber nicht einmal 100 davon werden als Edelsteine bezeichnet. Diese geringe Zahl macht deutlich, dass nur einige wenige Steine besondere Eigenschaften aufweisen. Eigenschaften, die den Menschen bewogen haben, ihnen das Prädikat „edel" zu verleihen. Wichtigstes, weil sichtbares Kennzeichen ist zunächst einmal die Farbe. Deren Intensität bestimmt meist auch den Wert eines Edelsteines. Der Aquamarin beispielsweise sollte eine möglichst kräftige, stahlblaue Färbung haben. Vom Rubin jedoch wünscht man sich, dass er eine bestimmte Farbdichte nicht überschreitet – der Stein würde sonst dunkel und leblos wirken. Auch die Seltenheit einer Farbe kann den Wert und die Begehrlichkeit eines Edelsteines beeinflussen. So ist der Smaragd – ein grüner Beryll – teurer als sein Bruder, der blaue Beryll, den wir alle als Aquamarin kennen.

Eine untergeordnete Rolle bei der Bewertung von farbigen Edelsteinen spielt ihre Reinheit. Es gibt Steine, wie zum Beispiel Smaragde und Rubine, die nie oder selten ohne Einschlüsse vorkommen. Gemmologen und Mineralogen sind sogar der Meinung, dass es sich hier um interessante Eigenheiten handelt, die viel über die Geschichte des jeweiligen Edelsteins aussagen und somit jeden Stein zum Unikat machen. Das wahre Feuerwerk der Farben entsteht sowieso erst durch den richtigen Schliff. Schon vor Jahrtausenden begann der Mensch die natürlichen Kristallformen der Steine zu verändern. Er schliff und polierte ihre Oberfläche und steigerte somit Glanz und Transparenz. Nachdem mehr über die verschiedenen Edelsteine, ihre Zusammensetzung und Härte bekannt war, entstanden im frühen 14. Jahrhundert die ersten Schleifmühlen in Europa. Auch heute noch werden edle Steine für außergewöhnliche Schmuckstücke von Hand geschliffen – die zunehmende Begeisterung und Nachfrage nach den farbigen Schätzen der Erde macht aber auch den Einsatz vollautomatischer Schleifmaschinen nötig.

Durchsichtige (transparente) Steine werden häufig mit Facetten geschliffen, damit sie ihre Schönheit durch den Einfallswinkel des Lichts und dessen vielfache Brechung optimal entfalten können. Die Variationen reichen vom einfachen Tafelschliff mit nur einer Abschrägung über Carrée-, Baguette- bis zum achteckigen Treppenschliff. Durchscheinende und undurchsichtige (opake) Steine werden meist gewölbt im klassischen Cabochonschliff verarbeitet und dann einzeln gefasst.

Farbedelsteine sollte man nicht in der Schublade verstecken. Sie können dort ihre Kräfte nicht entfalten. Auch die Fensterbank ist kein geeigneter Aufbewahrungsort, da die Sonnenstrahlen manche Steine ausbleichen. Man kann sie aber an einer anderen Stelle im Raum auslegen.

*Quelle: Zeitschrift „Hochzeit Österreich", 05/2012*

## 3.4 Seitenhintergrund gestalten

**So einfach geht's! – „Seitenhintergrund gestalten"**

Weiter geht es mit der Halloween-Einladung.

Einladung zur Halloween Party

Datum: 31. Oktober, 18:00 Uhr

Ort: Geheimnisvolles Schloss, Spukstraße 123

Mitzubringen:

1. Coole Verkleidung
2. Gute Laune
3. Knabberzeug
4. Sack für Süßigkeiten

Um Anmeldung wird gebeten!

Die Hexe

Und natürlich braucht unsere Halloween-Einladung einen schwarzen Hintergrund. Machen wir die Schrift orange!

**Seitenhintergründe** werden verwendet, um Texte dekorativer und interessanter zu gestalten. Dafür gibt es in WORD die Möglichkeit, die Seitenfarbe zu ändern, Wasserzeichen einzufügen oder Seitenränder mit Musterrahmen zu gestalten. Im Menüband findest du die Einstellungsmöglichkeiten im Register ENTWURF.

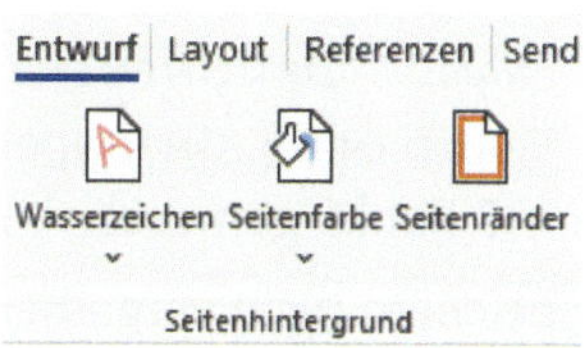

### Seitenfarbe

Seitenfarben werden verwendet, um **ganze Seiten oder Dokumente** mit Farbe, Struktur, Muster oder Farbverlauf zu hinterlegen.

### Wasserzeichen

Ein Wasserzeichen verwendet man, um einem Text einen persönlichen „Stempel" aufzudrücken. Wasserzeichen werden auf jeder Seite eines Dokumentes automatisch **im Hintergrund** platziert, z. B. „ENTWURF" oder Bilder und Logos.

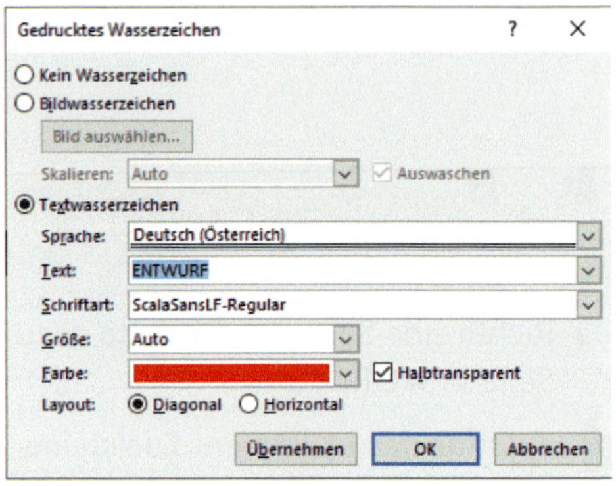


⚠ Wasserzeichen werden in WORD nur in der Ansicht DRUCKLAYOUT dargestellt. Sie liegen hinter dem Dokumenttext.

Ein Logo als Wasserzeichen.

### Seitenränder mit Musterrahmen

Jede einzelne Seite in einem Dokument oder das gesamte Dokument kann mit einem Musterrahmen versehen werden. Wenn nur einzelne Seiten einen Musterseitenrand bekommen sollen, sind Abschnittswechsel im Dokument notwendig. Hier kannst du einen besonderen Seitenrand gestalten:

- Register ENTWURF – Gruppe SEITENHINTERGRUND – SEITENRÄNDER – SEITENRAND – EFFEKTE

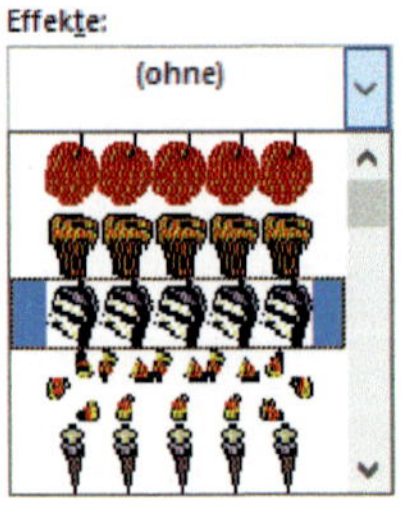


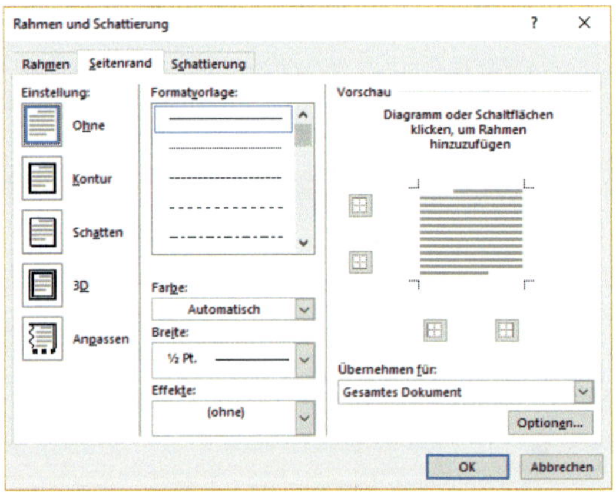


## TrainingsBox – „Seitenhintergrund gestalten"

- Setze Wasserzeichen und Musterrahmen ein.

a) Öffne das Dokument **Edelsteine2.docx** und speichere es unter **Edelsteine3.docx.**

b) Füge als Wasserzeichen über die gesamte Seite das Bild **Edelsteine1.jpg** ein.

c) Gestalte folgenden Musterseitenrand:
- Wähle eine Formatvorlage nach deinem Geschmack aus
- Farbe des Rahmens: Orange, Akzent 2, dunkler 25 %
- für das gesamte Dokument SEITENRAND – OPTIONEN: ABSTAND SEITENRAND OBEN, UNTEN, RECHTS, LINKS: je 30 Punkt, gemessen vom Seitenrand

d) Speichern nicht vergessen!

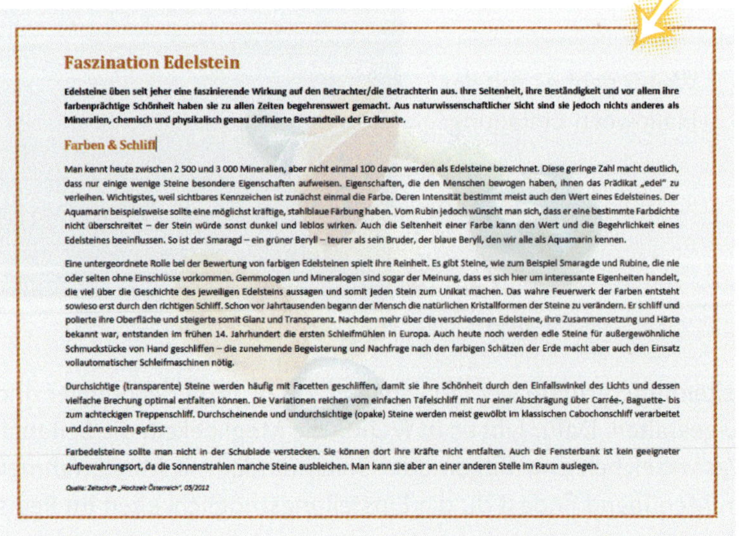

**Faszination Edelstein**

**Edelsteine üben seit jeher eine faszinierende Wirkung auf den Betrachter/die Betrachterin aus. Ihre Seltenheit, ihre Beständigkeit und vor allem ihre farbenprächtige Schönheit haben sie zu allen Zeiten begehrenswert gemacht. Aus naturwissenschaftlicher Sicht sind sie jedoch nichts anderes als Mineralien, chemisch und physikalisch genau definierte Bestandteile der Erdkruste.**

**Farben & Schliff**

Man kennt heute zwischen 2 500 und 3 000 Mineralien, aber nicht einmal 100 davon werden als Edelsteine bezeichnet. Diese geringe Zahl macht deutlich, dass nur einige wenige Steine besondere Eigenschaften aufweisen. Eigenschaften, die den Menschen bewogen haben, ihnen das Prädikat „edel" zu verleihen. Wichtigstes, weil sichtbares Kennzeichen ist zunächst einmal die Farbe. Deren Intensität bestimmt meist auch den Wert eines Edelsteines. Der Aquamarin beispielsweise sollte eine möglichst kräftige, stahlblaue Färbung haben. Vom Rubin jedoch wünscht man sich, dass er eine bestimmte Farbdichte nicht überschreitet – der Stein würde sonst dunkel und leblos wirken. Auch die Seltenheit einer Farbe kann den Wert und die Begehrlichkeit eines Edelsteines beeinflussen. So ist der Smaragd – ein grüner Beryll – teurer als sein Bruder, der blaue Beryll, den wir alle als Aquamarin kennen.

Eine untergeordnete Rolle bei der Bewertung von farbigen Edelsteinen spielt ihre Reinheit. Es gibt Steine, wie zum Beispiel Smaragde und Rubine, die nie oder selten ohne Einschlüsse vorkommen. Gemmologen und Mineralogen sind sogar der Meinung, dass es sich hier um interessante Eigenheiten handelt, die viel über die Geschichte des jeweiligen Edelsteins aussagen und somit jeden Stein zum Unikat machen. Das wahre Feuerwerk der Farben entsteht sowieso erst durch den richtigen Schliff. Schon vor Jahrtausenden begann der Mensch die natürlichen Kristallformen der Steine zu verändern. Er schliff und polierte ihre Oberfläche und steigerte somit Glanz und Transparenz. Nachdem mehr über die verschiedenen Edelsteine, ihre Zusammensetzung und Härte bekannt war, entstanden im frühen 14. Jahrhundert die ersten Schleifmühlen in Europa. Auch heute noch werden edle Steine für außergewöhnliche Schmuckstücke von Hand geschliffen – die zunehmende Begeisterung und Nachfrage nach den farbigen Schätzen der Erde macht aber auch den Einsatz vollautomatischer Schleifmaschinen nötig.

Durchsichtige (transparente) Steine werden häufig mit Facetten geschliffen, damit sie ihre Schönheit durch den Einfallswinkel des Lichts und dessen vielfache Brechung optimal entfalten können. Die Variationen reichen vom einfachen Tafelschliff mit nur einer Abschrägung über Carrée-, Baguette- bis zum achteckigen Treppenschliff. Durchscheinende und undurchsichtige (opake) Steine werden meist gewölbt im klassischen Cabochonschliff verarbeitet und dann einzeln gefasst.

Farbedelsteine sollte man nicht in der Schublade verstecken. Sie können dort ihre Kräfte nicht entfalten. Auch die Fensterbank ist kein geeigneter Aufbewahrungsort, da die Sonnenstrahlen manche Steine ausbleichen. Man kann sie aber an einer anderen Stelle im Raum auslegen.

*Quelle: Zeitschrift „Hochzeit Österreich", 05/2012*

## 3.5 Kopf- und Fußzeile einfügen

Kopf- und Fußzeile sind die **oberen und unteren Bereiche außerhalb des Schreibraumes.** Du kannst hier Texte eingeben oder Illustrationen oder vorgegebene Bausteine (wie Seitenzahlen, Datum und Uhrzeit oder Dokumentinformationen) einfügen.

Der Vorteil von Kopf- und Fußzeilen liegt darin, dass sie automatisch auf jeder Seite im Dokument eingefügt werden.

Kopf- und Fußzeilen werden nur in der Seitenlayoutansicht (hellgraue Schrift) und in der Seitenansicht (Druckvorschau) angezeigt.

### So einfach geht's! – „Kopf- und Fußzeile einfügen"

Weiter geht es mit der Halloween-Einladung.

Einladung zur Halloween Party

Datum: 31. Oktober, 18:00 Uhr

Ort: Geheimnisvolles Schloss, Spukstraße 123

Mitzubringen:

1. Coole Verkleidung
2. Gute Laune
3. Knabberzeug
4. Sack für Süßigkeiten

Um Anmeldung wird gebeten!

Die Hexe

Anfahrtsbeschreibung: An der Flussmündung neben dem Friedhof eines der Motorradtaxis nehmen und dem Fahrer das Codewort „Wolf" nennen. Am Waldrand vor dem Tor mit dem steinernen Wolfskopf absteigen und dem kniehohen Nebel durch den Wald folgen. Auf der anderen Seite in das ausgehobene Grab steigen. Dem unterirdischen Gang bis zu den Treppen folgen. Am Ende der gekennzeichneten Treppe befindet sich das Schloss. Treffpunkt 3. Stock. Achtung! Die Gänge bewegen sich → Verirrungsgefahr!

Chill out-Jugendzentrum, Waldstraße 15, 4583 Hofheimkirchen

### SCHRITT FÜR SCHRITT: KOPF- ODER FUSSZEILE BEARBEITEN

1. Kopf- oder Fußzeile öffnen (rechter Mausklick auf gewünschten Bereich)
2. KOPF- BZW. FUSSZEILE BEARBEITEN
3. Im Menüband erscheint das Register KOPF- UND FUSSZEILE. Hier nimmst du alle näheren Einstellungen vor.
4. Klick in die Kopf- bzw. Fußzeile – hier kannst du jetzt deinen Text eingeben oder Illustrationen oder vorgegebene Felder einfügen (z. B. SEITENZAHL, DATUM UND UHRZEIT, DOKUMENTINFORMATIONEN)
5. Mit der Esc-Taste verlässt du die Kopf- bzw. Fußzeile.

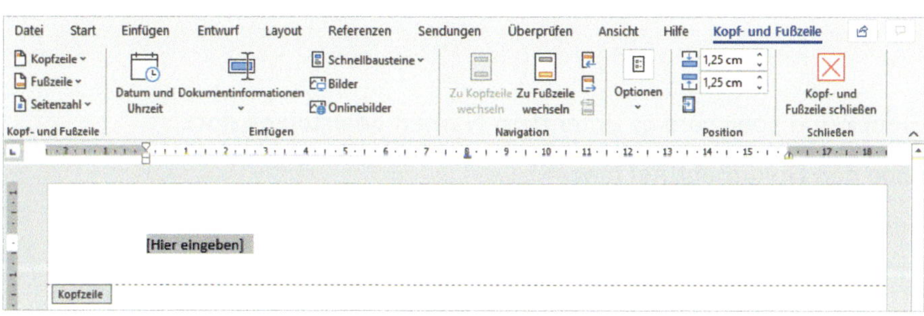

## Seitenzahlen einfügen

Bei Dokumenten mit mehreren Seiten solltest du Seitenzahlen einfügen, damit du die Übersicht behältst. Meist sind sie in der Kopf- oder Fußzeile. Du kannst die Seitenzahlen individuell formatieren; dafür stehen viele Möglichkeiten zur Verfügung.

### SCHRITT FÜR SCHRITT: SEITENZAHLEN EINFÜGEN

1. Register EINFÜGEN – Gruppe KOPF- UND FUSSZEILE – SEITENZAHL – SEITENENDE – EINFACHE ZAHL 1
2. Zum Formatieren der Seitenzahl: Rechter Mausklick auf die Seitenzahl
3. SEITENZAHLEN FORMATIEREN …

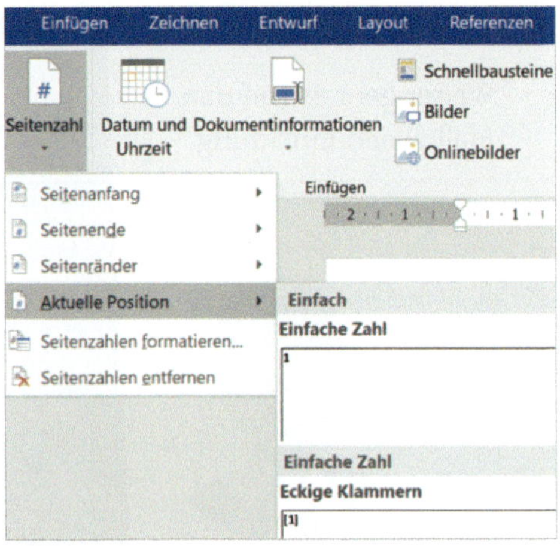


Die automatisch eingefügte Seitenzahl ist beim Anklicken grau hinterlegt. Dies zeigt an, dass automatisch weiternummeriert wird.

Die **Fußzeile** könnte auch den Dateinamen und das Speicherdatum enthalten. So findest du deine Dateien schneller wieder, wenn du viele verschiedene hast.

## Datum in die Kopf- oder Fußzeile einfügen

- Doppelklick in die Kopf- oder Fußzeile
- ENTWURF – EINFÜGEN – DATUM UND UHRZEIT
- Datumsformat auswählen

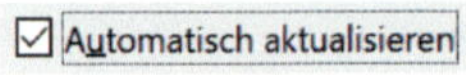


Mach ein Häckchen im Kontrollkästchen AUTOMATISCH AKTUALISIEREN, dann wird automatisch das aktuelle Datum angezeigt, wenn du die Datei öffnest.

### DAS SOLLTEST DU SPEICHERN

**Kopf- und Fußzeile** liegen jeweils ober- und unterhalb des eigentlichen Inhalts eines Dokuments. Hier stehen Informationen, die dem Leser die Orientierung im Text erleichtern (z. B. Kapitelüberschriften in der Kopfzeile und Seitenzahlen in der Fußzeile).

### TrainingsBox – „Kopf- und Fußzeile einfügen"

1. Trainiere Kopf- und Fußzeilen.
   a) Öffne das Dokument **Edelsteine3.docx** und speichere es unter dem Namen **Edelsteine4.docx.**
   b) Füge eine Kopfzeile ein und schreibe den Dokumenttitel hinein.
   c) Füge eine Fußzeile ein und setze in der Mitte die Seitenzahl ein.
   d) Speichern nicht vergessen!

**2.** In früheren TrainingsBoxen hast du einen Geschäftsbrief vorbereitet. Nun kannst du den Absender in die Kopfzeile und die Pflichtangaben zum Unternehmen in die Fußzeile eingeben.

a) Öffne die Dokumente **Geschäftsbrief1.docx** und **Geschäftsbrief4.docx.**

b) Kopiere den Absender von **Geschäftsbrief1.docx** in die Kopfzeile des Dokuments **Geschäftsbrief4.docx.**

c) Schreibe anschließend folgenden Text in die Fußzeile (Schriftart Garamond, Schriftgröße 9).

Bankverbindung: Volksbank Landeck: IBAN: AT02 4585 0005 4002 4430 BIC: VBOEATWWLA
UID-Nr. ATU369522478 Firmenbuchgericht Landeck FN 226955 a

d) Speichere das Dokument unter **Geschäftsbrief5.docx.**

## 3.6 Rahmenlinien und Schattierungen

**So einfach geht's! – „Rahmenlinien und Schattierungen"**

Weiter geht es mit der Halloween-Einladung.

Nun bekommt unsere Aufzählung einen Rahmen. Sieht doch schon ganz gut aus!

Du kannst wichtige Informationen bzw. Textstellen durch Rahmenlinien und Schattierungen besonders hervorheben.

### SCHRITT FÜR SCHRITT: RAHMENLINIEN AUSWÄHLEN

1. Textteil, der mit einer Rahmenlinie gestaltet wird, markieren
2. START – ABSATZ – Icon RAHMEN: Listenpfeil
3. Rahmenlinie auswählen

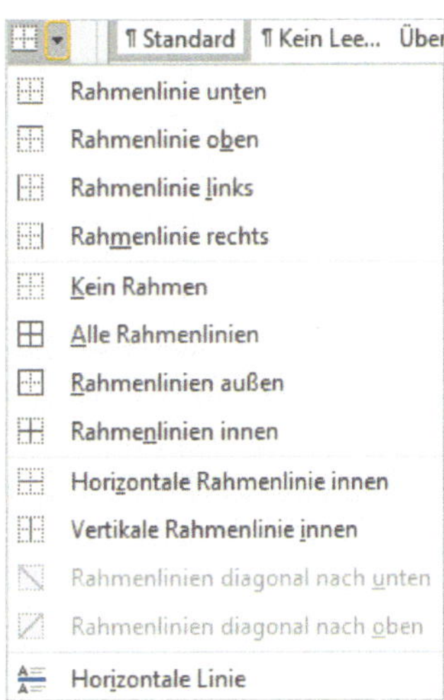


### SCHRITT FÜR SCHRITT: RAHMENLINIEN ENTFERNEN

1. Textteil, der mit einer Rahmenlinie gestaltet wurde, markieren
2. START – ABSATZ – Icon RAHMEN: Listenpfeil
3. Kein Rahmen auswählen

Wenn Absätze eine Rahmenlinie oder eine Schattierung bekommen, muss der Textteil vorher markiert werden. Der Text wird standardmäßig mit einer ½-Punkt Rahmenlinie versehen.

## SCHRITT FÜR SCHRITT: SCHATTIERUNG AUSWÄHLEN

1. Textteil für die Schattierung markieren
2. START – ABSATZ – SCHATTIERUNG
3. Designfarbe auswählen oder WEITERE FARBEN...

## SCHRITT FÜR SCHRITT: SCHATTIERUNG ENTFERNEN

1. Textteil für die Schattierung markieren
2. START – ABSATZ – SCHATTIERUNG
3. KEINE FARBE

**Meine Tipps für coole Seiten:**

- Einfache und dünne Linien verwenden.
- In einem Dokument nur eine Linienform und -farbe.
- Weniger ist mehr: Das Dokument soll nicht überladen werden.

### Dialogfeld Rahmen und Schattierung

Um Rahmenlinien und Schattierungen individuell zu verändern und unterschiedliche Rahmenoptionen auszuwählen, öffne das Dialogfeld RAHMEN UND SCHATTIERUNG.

- Textteil markieren
- START – ABSATZ – RAHMEN
- Befehl RAHMEN UND SCHATTIERUNG...
- EINSTELLUNG, FORMATVORLAGE (Linienart), FARBE und BREITE auswählen

### Registerkarte Rahmen

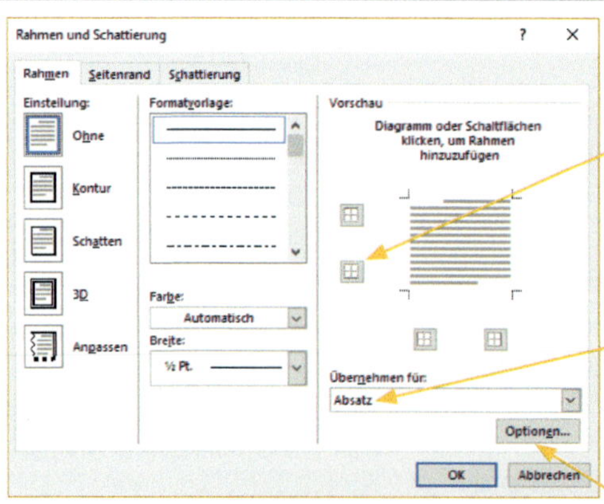


VORSCHAU: An die Kanten klicken, an denen Rahmenlinien angezeigt werden sollen

ÜBERNEHMEN FÜR: Rahmenlinie kann für Text oder Absatz übernommen werden

OPTIONEN...: Der Abstand zwischen Text und Rahmenlinie kann verändert werden

## Registerkarte Schattierung

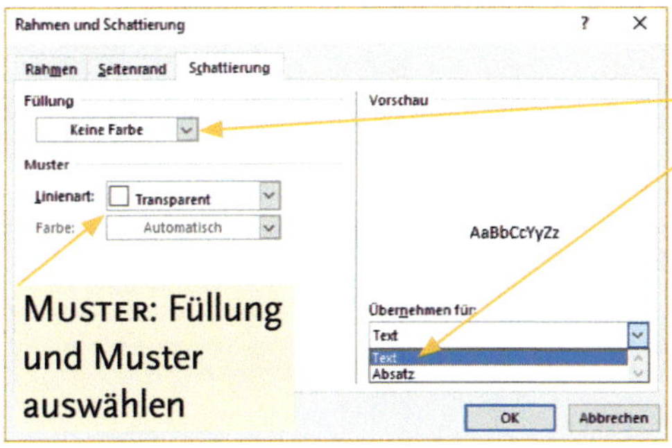


**MUSTER:** Füllung und Muster auswählen

**FÜLLUNG:** Designfarbe auswählen oder **WEITERE FARBEN...**

**ÜBERNEHMEN FÜR:** Schattierung kann für Absatz und Text übernommen werden; wählen Sie die Option **ÜBERNEHMEN FÜR TEXT**, bleibt der darüberliegende Text lesbar

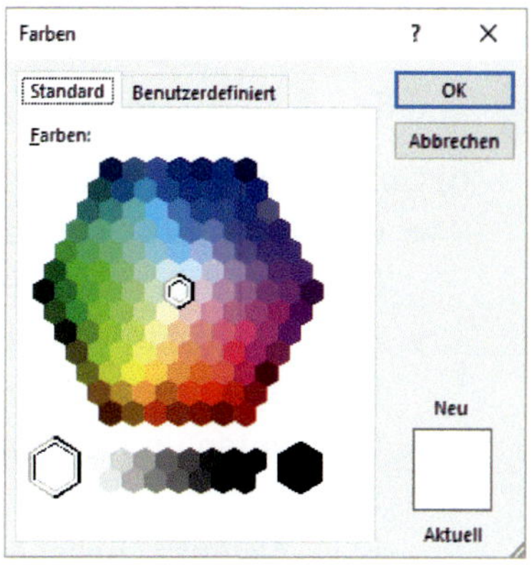


## Horizontale Linie

Schmucklinien werden wie eine Grafik in das Dokument eingefügt.

- Start – ABSATZ – RAHMEN – HORIZONTALE LINIE

Ein Doppelklick auf die eingefügte horizontale Linie öffnet das Dialogfeld HORIZONTALE LINIE FORMATIEREN. Hier kannst du die horizontale Linie formatieren.

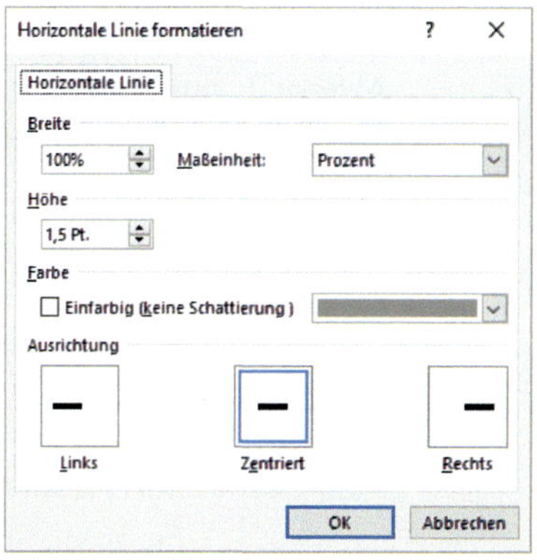


### DAS SOLLTEST DU SPEICHERN

**Rahmenlinien** und **Schattierungen** verwendet man, um Texte besonders hervorzuheben. Du kannst sie auf Zeichen, Absätze, Tabellen, Grafiken und das gesamte Dokument anwenden. Eine Schattierung ist die farbige Füllung eines Rahmens.

## TrainingsBox – „Rahmenlinien und Schattierungen"

**1.** Gestalte ein Informationsblatt mit Rahmen.

a) Öffne das Dokument **Solebad_u.docx** und speichere es unter **Solebad1.docx.**

b) Gestalte den Text als Informationsblatt in der Schriftart Calibri, 11 Punkt.
- Überschriften: Calibri 18 Punkt, fett, Skalierung 120 %, Großbuchstaben, Laufweite Breit um 3 Punkt, Schriftfarbe Orange, Akzent 2, Schattierung Orange, Akzent 2, heller 80 %
- 1. Absatz: jeweils zusätzlich fett
- Wochentage und Uhrzeiten: einfache orangefarbige (Orange, Akzent 2) Rahmenlinie, Rahmenbreite 2 ¼ Punkt; jede zweite Zeile wird zusätzlich mit einer Schattierung: Weiß, Hintergrund 1, dunkler 5 %, hinterlegt
- Versieh den Rahmen mit einem passenden linken und rechten Einzug
- Quelle: 8 Punkt, kursiv

ÖFFNUNGSZEITEN SOLEBAD

**Das Ybbstaler Solebad hat für Sie ganzjährig* geöffnet:**

Montag: 9:00 Uhr – 22:00 Uhr
Dienstag: 9:00 Uhr – 22:00 Uhr
Mittwoch: 9:00 Uhr – 22:00 Uhr
Donnerstag: 9:00 Uhr – 22:00 Uhr
Freitag: 9:00 Uhr – 22:00 Uhr
Samstag: 9:00 Uhr – 22:00 Uhr
Sonntag: 9:00 Uhr – 22:00 Uhr

*Ausnahme: 24. und 31. Dezember!

ÖFFNUNGSZEITEN RESTAURANT

**Als Ausklang nach Wellness, Sauna, Massage oder für zwischendurch werden Sie im Restaurant des Ybbstaler Solebades von unserem Team verwöhnt.**

Sonntag bis Donnerstag: 9:00 Uhr – 20:00 Uhr
Freitag, Samstag: 9:00 Uhr – 21:00 Uhr

Genießen Sie die Gaumenfreuden bis spät in den Abend in entspannter Atmosphäre.

*Quelle: www.ybbbstaler-solebad.at, 2019*

c) Speichern nicht vergessen!

**2.** Gestalte ein Informationsblatt.

a) Öffne das Dokument **Langlaufen_u.docx** und speichere es unter **Langlaufen1.docx.**

b) Gestalte den Text nach folgenden Anweisungen:
- Gesamter Text: Schriftart Verdana, 11 Punkt, Zeilenabstand Genau 15 Punkt;
- Hauptüberschrift: Schriftart Forte, 22 Punkt, Blau, Akzent 1, dunkler 25 %; Rahmenlinie nach Wahl unten und rechts: Blau, Akzent 1, dunkler 25 %; Rahmenbreite 4 ½ Punkt; Schattierung: Blau, Akzent 1, heller 80 %, Absatzabstand Nach 24 Punkt, rechtsbündig, Zeichenabstand einfach;
- 1. Absatz und letzter Absatz: Schriftgröße 9 Punkt, Zeilenabstand 1,5, Blocksatz;
- Teilüberschrift: Schriftart Forte, 20 Punkt, Blau, Akzent 1, dunkler 25 %, Zeichenabstand einfach;
- Textpassagen: Langlaufregionen zusätzlich fett.

c) Füge eine horizontale Linie ein:
- Oberhalb der Teilüberschrift;
- Breite 80 %, Höhe 2 Punkt, Ausrichtung zentriert, Blau, Akzent 1, dunkler 25 %;
- Kopiere die horizontale Linie und füge sie oberhalb des letzten Absatzes ein.

d) Gestalte folgende Fußzeile:
- Schriftart Verdana, 10 Punkt, zentriert;
- 1. Zeile: fett;
- strichlierte Rahmenlinie, Blau, Akzent 1, dunkler 25 %, Rahmenbreite 1 ½ Punkt, Schattierung: Blau, Akzent 1, heller 80 %.

e) Speichern nicht vergessen!

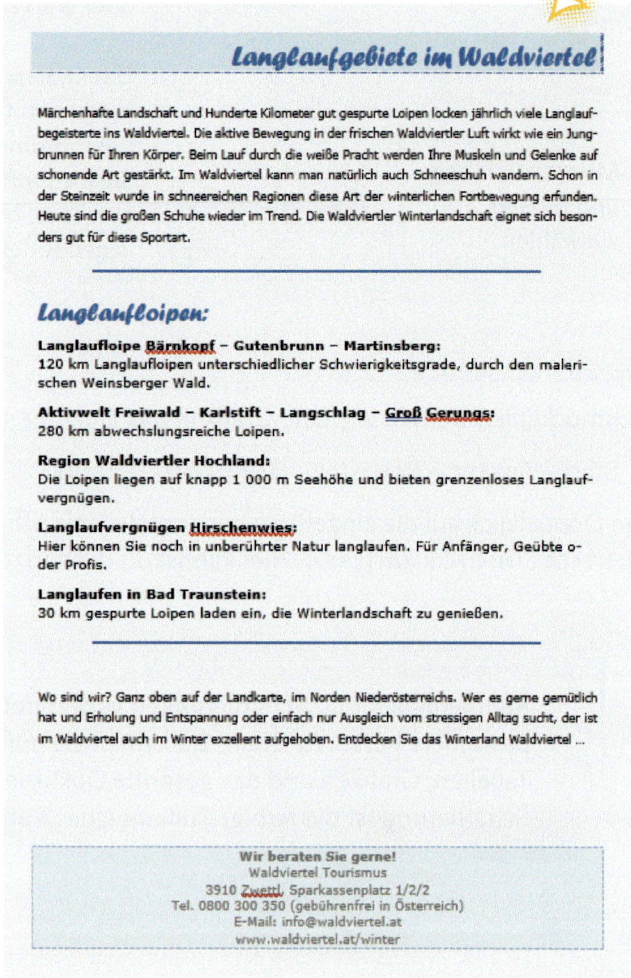
Langlaufgebiete im Waldviertel

Märchenhafte Landschaft und Hunderte Kilometer gut gespurte Loipen locken jährlich viele Langlaufbegeisterte ins Waldviertel. Die aktive Bewegung in der frischen Waldviertler Luft wirkt wie ein Jungbrunnen für Ihren Körper. Beim Lauf durch die weiße Pracht werden Ihre Muskeln und Gelenke auf schonende Art gestärkt. Im Waldviertel kann man natürlich auch Schneeschuh wandern. Schon in der Steinzeit wurde in schneereichen Regionen diese Art der winterlichen Fortbewegung erfunden. Heute sind die großen Schuhe wieder im Trend. Die Waldviertler Winterlandschaft eignet sich besonders gut für diese Sportart.

Langlaufloipen:

**Langlaufloipe Bärnkopf – Gutenbrunn – Martinsberg:**
120 km Langlaufloipen unterschiedlicher Schwierigkeitsgrade, durch den malerischen Weinsberger Wald.

**Aktivwelt Freiwald – Karlstift – Langschlag – Groß Gerungs:**
280 km abwechslungsreiche Loipen.

**Region Waldviertler Hochland:**
Die Loipen liegen auf knapp 1 000 m Seehöhe und bieten grenzenloses Langlaufvergnügen.

**Langlaufvergnügen Hirschenwies:**
Hier können Sie noch in unberührter Natur langlaufen. Für Anfänger, Geübte oder Profis.

**Langlaufen in Bad Traunstein:**
30 km gespurte Loipen laden ein, die Winterlandschaft zu genießen.

Wo sind wir? Ganz oben auf der Landkarte, im Norden Niederösterreichs. Wer es gerne gemütlich hat und Erholung und Entspannung oder einfach nur Ausgleich vom stressigen Alltag sucht, der ist im Waldviertel auch im Winter exzellent aufgehoben. Entdecken Sie das Winterland Waldviertel …

**Wir beraten Sie gerne!**
Waldviertel Tourismus
3910 Zwettl, Sparkassenplatz 1/2/2
Tel. 0800 300 350 (gebührenfrei in Österreich)
E-Mail: info@waldviertel.at
www.waldviertel.at/winter

## 3.7 Vorgegebene Layouts nutzen

Damit dein Dokument auf schnelle und einfache Weise ein einheitliches Aussehen bekommt, kannst du in WORD
- eine vorgefertigte **Dokumentvorlage** beim Öffnen deiner Datei auswählen,
- ein **Dokumentdesign** anwenden oder
- **Formatvorlagen** verwenden.

**Aha!**
Ein gut formatierter Text wird gerne gelesen.

### 3.7.1 Dokumentvorlagen

**So einfach geht's! – „Dokumentvorlagen“**

Ilker hat noch eine weitere Idee für die Halloween-Einladung: „Wenn es schnell gehen soll, suchen wir uns in WORD einfach eine Dokumentvorlage aus. Ich gebe in die Suchmaske **Halloween** ein.“ Mark ist begeitert: „Das ist ja super! Da brauchen wir selber gar nichts mehr tun! Nur noch unseren Text einfügen.“ Ilker grinst: „Ja, eh, aber hier hat nicht unser ganzer Text Platz.“

Sieh dir das Angebot der Dokumentvorlagen von WORD an (Register Datei – Neu). Gib ein Thema in die Suchmaske „Nach Online-Vorlagen suchen“ ein, z. B. Geburtstag. Besprecht im Anschluss eure Ergebnisse.

**DAS SOLLTEST DU SPEICHERN**

Eine **Dokumentvorlage** ist ein vorgefertigtes WORD-Dokument, das bereits zahlreiche inhaltliche Textteile und ein fertiges Layout enthält.

Die **gesamte Formatierung** ist in einer Dokumentvorlage bereits enthalten; du kannst aber alles individuell anpassen. Die Dokumentvorlage ist also ein guter Ausgangspunkt bei der Erstellung z. B. von Lebensläufen, Einladungen oder Newslettern.

Hier findest du die WORD-Dokumentvorlagen:

- Register Datei – Neu
- Doppelklick auf die ausgewählte Dokumentvorlage
- Oder: Thema in die Suchmaske („Nach Online-Vorlagen suchen") eingeben

Wenn du dein eigenes WORD-Dokument ohne eine Vorlage erstellen willst, wählst du die Vorlage Leeres Dokument aus.

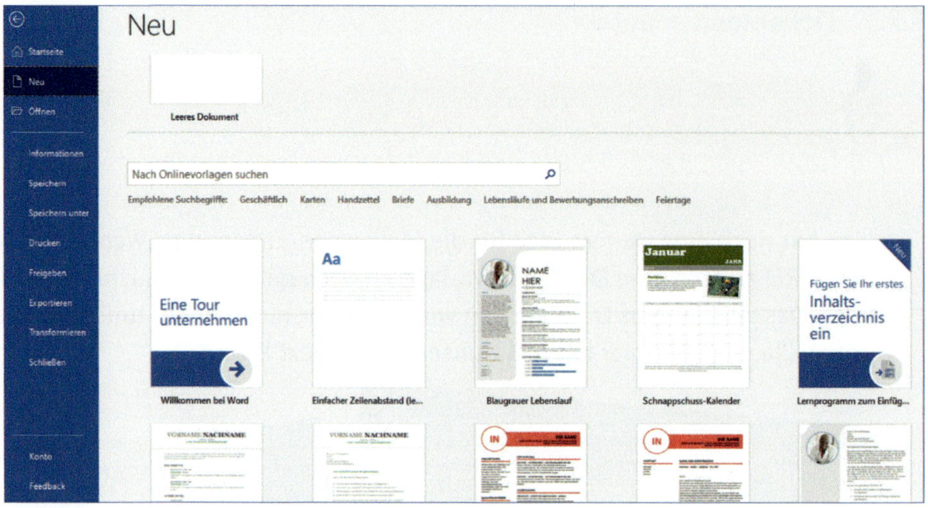

## TrainingsBox – „Dokumentvorlagen“

- Gestalte eine Urkunde mit einer Dokumentvorlage.
  - a) Öffne ein neues WORD-Dokument und speichere es unter **Urkunde_dein Name.docx.**
  - b) Gestalte eine Urkunde für die Teilnahme an einer Schulveranstaltung.
  - c) Suche in WORD eine ansprechende Vorlage für eine Urkunde. Die Vorlage kann im Hoch- oder im Querformat sein.
  - d) Gestalte die Urkunde für deine Sitznachbarin/deinen Sitznachbarn.
  - e) Füge einen Musterrahmen ein bzw. ändere den Rahmen, falls in der Vorlage bereits einer enthalten ist.
  - f) Speichern nicht vergessen!

### 3.7.2 Dokumentdesign

## So einfach geht's! – „Dokumentdesign“

Mark ist mit der Halloween-Einladung noch nicht ganz zufrieden: „Ich hätte noch gerne eine andere Schrift, bin mir aber irgendwie nicht sicher.“ Ilker hat auch da eine Lösung: „Wir probieren ein anderes Design! Da bekommen wir mit einem Klick verschiedene Vorschläge.“

**Einladung zur Halloween Party**

*Datum:* 31. Oktober, 18:00 Uhr

*Ort:* Geheimnisvolles Schloss, Spukstraße 123

*Mitzubringen:* Coole Verkleidung, Gute Laune, Knabberzeug, Sack für Süßigkeiten

**Um Anmeldung wird gebeten!**

Die Hexe

**Dokumentdesigns** sind von MICROSOFT OFFICE **vorgefertigte Layout-Vorgaben,** in denen Farben, Schriftarten und verschiedene Effekte bereits aufeinander abgestimmt sind. Du brauchst nur ein Design auszuwählen und kannst deine Texte so ganz einfach formatieren.

Beim Erstellen eines neuen Dokuments (Vorlage LEERES DOKUMENT) ist das **Standarddesign Office** eingestellt. Es ist möglich, das Design auch nachträglich festzulegen oder zu ändern.

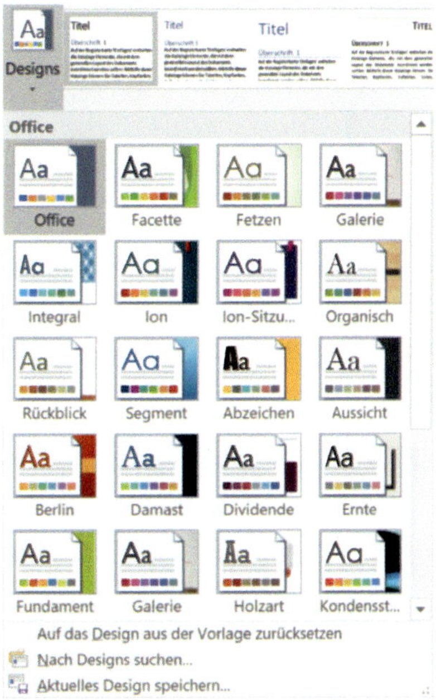


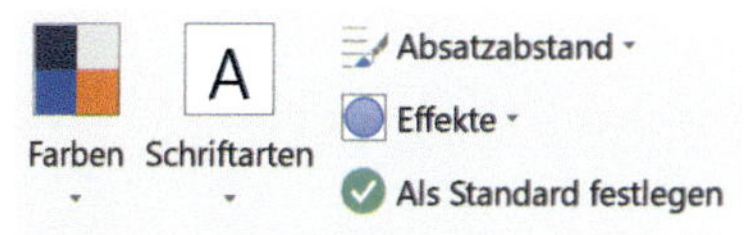


Hier kannst du dein Design auch ändern: Register ENTWURF – Gruppe DOKUMENTFORMATIERUNG.

## SCHRITT FÜR SCHRITT: DESIGN AUSWÄHLEN

1. Register ENTWURF – Gruppe DOKUMENTFORMATIERUNG – DESIGNS
2. Zeige auf ein Design. In einer Vorschau wird dir das Design in deinem Dokument angezeigt.
3. Wähle ein Design aus.

Wenn du ein Design in WORD ausgewählt hast, kannst du es auch für POWERPOINT- oder EXCEL-Dokumente verwenden. So haben alle deine Dateien ein einheitliches Aussehen.

### DAS SOLLTEST DU SPEICHERN

Ein **Design** ist ein vorgegebenes Layout. Es besteht aus Farben, Schriftarten und verschiedenen Effekten, die gut aufeinander abgestimmt sind. So erhältst du in deinem Dokument ein einheitliches Erscheinungsbild.

## TrainingsBox – „Dokumentdesign"

1. Es geht weiter mit deinem Geschäftsbrief! Öffne das Dokument **Geschäftsbrief5.docx** und speichere es unter **Geschäftsbrief6.docx.** Weise ihm das Design Facette zu und beobachte, was sich in deinem Geschäftsbrief ändert. Probiere verschiedene Designs aus. Speichere zum Schluss das Dokument mit dem Design, das dir am besten gefällt.

2. Weise ein Dokumentdesign zu.
   a) Öffne das Dokument **Westküste_u.docx** und speichere es unter **Westküste1.docx.** Das Standarddesign Office ist eingestellt, die Überschriften sowie der Text wurden klar strukturiert.
   b) Weise das Design Integral, die Farbe Blau und die Schriftart Corbel zu. Du wirst rasch feststellen, dass sich trotz dieser Änderungen die Farben noch nicht ändern. Dies wirst du aber in der nächsten TrainingsBox sehen können!
   c) Speichern nicht vergessen!

### 3.7.3 Formatvorlagen

**So einfach geht's! – „Formatvorlagen"**

Damit die Halloween-Einladung auch bei Änderungen mit wenigen Klicks einheitlich umgestaltet werden kann, nutzt Ilker die Formatvorlagen. Mit ihnen schauen alle Überschriften gleich aus.

Jetzt weisen wir die Überschriften und den Standard-Text zu. So kann man die Formatierungen ganz einfach ändern.

Mit **Formatvorlagen** kannst du Teile des Textes gliedern und formatieren. Das **Dokumentdesign** hingegen ändert das Aussehen deines gesamten Textes.

**DAS SOLLTEST DU SPEICHERN**

**WORD-Formatvorlagen** sind bereits vorgegebene Textformatierungen. Mit ihnen kannst du deinen Text mit wenigen Klicks formatieren. So sparst du viel Zeit und erhältst ein **einheitliches Erscheinungsbild des Textes.**

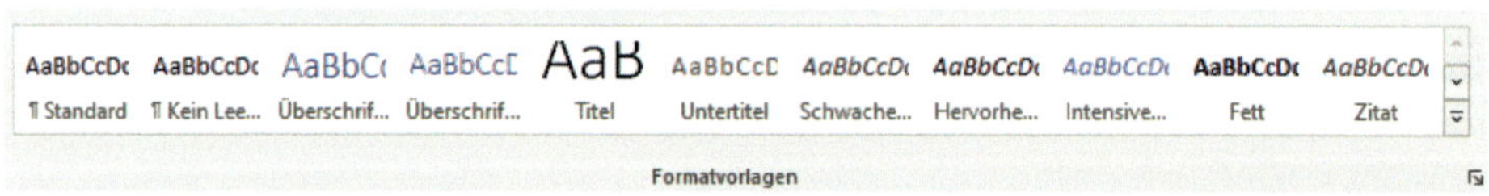


WORD enthält viele Arten von Formatvorlagen, aus denen du wählen kannst. Du findest sie im Register START im FORMATVORLAGENKATALOG. Hier siehst du auch schon eine Vorschau darauf, wie deine Textabschnitte aussehen könnten.

**SCHRITT FÜR SCHRITT: WORD-FORMATVORLAGEN ANWENDEN**

**1 Dokument gliedern in Überschriften und Fließtext**

Wenn du mit WORD-Formatvorlagen arbeitest, ist eine klare Struktur deines Textes wichtig. Das heißt, dass du zuvor die einzelnen Textabschnitte deines Dokuments bestimmen und Folgendes festlegen musst:

- Welcher Textabschnitt ist eine Überschrift
- Welcher Textabschnitt ist normaler Fließtext
- Welcher Textabschnitt ist eine Liste, eine Tabelle o. Ä.

**2 Vorschau der Formatvorlage anzeigen lassen**
Markiere nun einen Textteil und zeige mit der Maus auf eine Formatvorlage im FORMATVORLAGENKATALOG. Du siehst in der Vorschau, wie dein Text aussieht, wenn du diese Formatvorlage auswählst.

**3 Formatvorlage anwenden**
Klicke nun auf die ausgewählte Formatvorlage. Dein Text ändert sich sofort. Weise nun allen Überschriften die Formatvorlage ÜBERSCHRIFT 1 zu und allen Fließtext-Abschnitten die Formatvorlage STANDARD.

**4 Andere Formatvorlage auswählen**
Möchtest du eine andere Formatvorlage verwenden, markiere den Text und wähle die gewünschte Vorlage aus.

BONUS LEVEL

**5 Formatvorlage ändern**
Wenn alle Abschnitte deines Textes eine Formatvorlage zugewiesen bekommen haben, kannst du damit alle gleichwertigen Textteile (z. B. alle Überschriften) auf einmal ändern. Dazu änderst du z. B. die Überschrift-Formatvorlage und alle deine Überschriften ändern sich dadurch automatisch.

BONUS LEVEL ENDE

**Achtung!** Pass gut auf, wenn du deine Formatvorlagen änderst, denn dafür braucht man etwas Übung! Sehr leicht verändert man dabei etwas unabsichtlich.

## Formatierung mit der Formatvorlage löschen

Möchtest du die Formatierung mit der Formatvorlage rückgängig machen, markiere den Text und wähle in der Minisymbolleiste:

- FORMATVORLAGEN – FORMATIERUNG LÖSCHEN

Die Formatierung der gewählten Textstelle wird auf STANDARD zurückgesetzt.

Hier findest du eine Übersicht über die wichtigsten Formatvorlagen in WORD.

| Name der Formatvorlage | Formatvorlage wird verwendet für: |
|---|---|
| **Standard** | Fließtext im Dokument |
| **Titel** | Titel des Dokumentes (kommt meist nur einmal vor) |
| **Überschrift 1** | Wichtige Überschriften |
| **Überschrift 2** | Unterüberschriften |
| **Fett, Intensive Hervorhebung ...** | Zum Hervorheben einzelner Wörter oder Phrasen |

**Aha!**

Jede **Formatvorlage** enthält alle wichtigen Informationen zur jeweiligen Formatierung. Deshalb können mit einer Formatvorlage viele einzelne Schritte in einem Schritt durchgeführt werden.

In einer **Formatvorlage** sind also vorgegeben: Schriftart, Zeichengröße, Schriftfarbe, Zeilenabstand, Einzug und manchmal auch Art der Aufzählungszeichen oder Dicke und Farbe der Tabellenrahmen.

**DAS SOLLTEST DU SPEICHERN**

Gliedere immer deinen Text, bevor du die **Formatvorlagen** verwendest!

## TrainingsBox – „Formatvorlagen"

**1.** Weise Formatvorlagen zu.

a) Öffne das Dokument **Westküste1.docx** und speichere es unter **Westküste2.docx.**

b) Weise den Überschriften Formatvorlagen zu, ähnlich wie im Lösungsbeispiel.

c) Vergiss nicht zu speichern!

Die Westküste der USA

DER WESTEN DER USA BIETET FASZINIERENDE STÄDTE UND SPEKTAKULÄRE LANDSCHAFTEN.

Los Angeles

Der Walk of Fame, Hollywood und TLC Chinese Theatre sind die wohl wichtigsten Sehenswürdigkeiten von Los Angeles. Beverly Hills ist das Stadtviertel der Reichen und Schönen.

Las Vegas

Zahlreiche Attraktionen, gigantische Hotels und Casinos zieren diese Stadt. Las Vegas ist die größte Stadt im US-Bundesstaat Nevada.

San Francisco

Die Golden Gate Bridge, die Cable Car Bahn und Alcatraz haben diese Stadt bekannt gemacht. „Fishermans Wharf" ist ein beliebtes Einkaufszentrum bei Touristen.

**2.** Weise Formatvorlagen zu.

a) Öffne das Dokument **Sportarten_u.docx** und speichere es unter **Sportarten1.docx.** Das Standarddesign Office ist eingestellt.

b) Weise nun folgende Formatvorlagen (im Register START) zu:

- Titel: Sportarten
- Überschrift 1: Sommersportarten und Wintersportarten
  Überschrift 2: Tennis, Schwimmen, Radfahren, Skifahren, Schlittschuhlaufen, Langlaufen
- Standard: restlicher Text

c) Speichern nicht vergessen!

Sportarten

Sommersportarten

Tennis

Körperliche und geistige Fitness wird beim Tennisspielen trainiert. Es reduziert das Risiko von Osteoporose und steigert das allgemeine körperliche Wohlbefinden. Tennis kann als Wettkampf oder auch als Freizeitsport betrieben werden.

Schwimmen

Schwimmen im Meer, See, Swimmingpool oder Freibad ist eine beliebte Freizeitbeschäftigung. Zusätzlich schont es den Bewegungsapparat und hält den Kreislauf in Schwung. Beim Schwimmen wird der ganze Körper trainiert.

Radfahren

Radfahren ist eine beliebte Ausdauersportart. Es schont die Gelenke und stärkt das Immunsystem sowie das Herz-Kreislauf-System. Radausflüge mit der Familie können für Kinder zu einem tollen Erlebnis werden.

Wintersportarten

Skifahren

Der beliebteste Wintersport ist das Skifahren. Beim Skifahren werden die Beinmuskulatur und die Schultern besonders gefordert. Deshalb ist es auch wichtig, vorher Skigymnastik zu betreiben, um Verletzungen zu vermeiden.

Schlittschuhlaufen

Schlittschuhlaufen auf zugefrorenen Teichen oder Seen oder in der Eislaufhalle kann für die ganze Familie ein Vergnügen sein. Es macht nicht nur Spaß, sondern trainiert auch die Muskeln an Po und Oberschenkeln sowie den Gleichgewichtssinn.

Langlaufen

Langlaufen wird dem Ausdauersport zugeordnet. Es bringt das Herz-Kreislauf-System in Schwung und kurbelt die Fettverbrennung an. Langlaufen kann bereits bei wenig Schnee ausgeübt werden.

**3.** Weise Formatvorlagen und ein Design zu.

a) Öffne das Dokument **Spezialitäten_u.docx** und speichere es unter **Spezialitäten1.docx.**

b) Strukturiere den Text in Textkörper und Überschriften.

c) Weise ein passendes Design, Farben und Schriftarten zu.

d) Formatiere den Text mit Formatvorlagen deiner Wahl.

e) Erstelle eine individuelle Fußzeile oder wähle eine vordefinierte Fußzeile aus.

f) Drucke das Dokument aus und vergiss nicht zu speichern!

**4.** Weise Formatvorlagen und ein Design zu.

a) Öffne das Dokument **Steyr_u.docx** und speichere es unter **Steyr1.docx**.

b) Führe anschließend folgende Formatierungen durch:

- Dokumentdesign Facette, Designfarbe Warmes Blau
- Überschrift: Elephant, 16 Punkt, Schriftfarbe Blaugrau Akzent 4, Kapitälchen, Zeichenabstand Breit 2 Punkt, rechtsbündig, Absatzabstand nach 15 Punkt
- Textteil: Zeilenabstand 1,5, hängender Einzug je 1 cm, Blocksatz
- Quelle: Formatvorlage Schwache Hervorhebung, 8 Punkt

STEYR – EINE STADT AUF EISEN GEBAUT

Mehr als 1 000 Jahre lang ist die kleine historische Stadt Steyr durch alle Höhen und Tiefen der Geschichte gegangen. Das Eisen und seine Verarbeitung waren dabei stetige und treue Begleiter. Der Reichtum, den das Eisen den Steyrer Bürgern brachte, spiegelt sich auch im Stadtbild wider. Nach Wien ist Steyr die Stadt mit den meisten denkmalgeschützten Häusern in Österreich.

Zwischen historischen Fassaden, sattgrünen Auen und industrieller Tradition hat der Genuss seinen festen Platz. Auf den Spuren des täglichen Brotes führt der Weg in den Stadtteil Steyrdorf. Hierher mussten aufgrund der Brandgefahr schon vor Jahrhunderten alle Bäcker übersiedeln und noch heute befinden sich sieben Backstuben in diesem Stadtviertel.

In Steyr am Nationalpark gehen Kultur, Industrie und Natur eine spannende Beziehung ein.

*Quelle: Genussland Oberösterreich 2012*

c) Speichern nicht vergessen!

BONUS LEVEL

## 3.8 Mit Tabulatoren Listen erstellen

### So einfach geht's! – „Mit Tabulatoren Listen erstellen"

Ilker und Mark organisieren die Halloween-Party. Alle sollen etwas zum Essen mitbringen.

1 → Ilker → abgehackte·Grusel-Finger·in·Würmer-Sauce↵
2 → Mark → knusprige·Spinnenbeine·mit·Blut-Ketchup↵
3 → Jana → mysteriöse·Mumien-Pizza·mit·Käsetopping↵
4 → Emma → gerührte·Fledermauseier↵
5 → Julia → pikante·Hexenkrallen↵
6 → Muhamed → scharfe·Salzknochen↵
7 → Alex → geheime·Skelett-Sandwiches↵
8 → Fredi → schaurige·Zombie-Kürbisse↵
9 → Kevin → süße·Glibber-Augen·mit·unheimlichem·Raupen-Cocktail¶

Weißt du schon, wer welches Essen zu unserer Halloween-Party mitbringt? Machen wir eine Liste, damit wir den Überblick behalten!

Eine interaktive Übung findest du in der TRAUNER-DigiBox.

### DAS SOLLTEST DU SPEICHERN

Mit Tabulatoren kannst du Wörter oder Zahlen genau untereinander anordnen (z. B. für Listen, Aufstellungen, Rechnungen). Mit der Tabulator-Taste ⇄ springt die Einfügemarke bis zur nächsten Tabstopp-Position.

**Tabulator-Taste** = Taste für das Weiterrücken der Einfügemarke auf vorher eingestellte Stellen. (Es wird als Pfeil → dargestellt, wenn du auf ABSATZ – ALLE ANZEIGEN klickst.)

**Tabstopp-Position** = vorgegebene Position, die innerhalb eines Absatzes immer gleich ist.

**Beispiel: Texteingabe mit der ⇄-Taste**

5 → Rom,·Italien → → 06:00→16:00↵
6 → Marseille,·Frankreich → 13:00→23:00↵
7 → Wien,·Österreich → 17:00→19:00↵

Wenn du mit **Standard-Tabstopps** arbeitest, springt die Einfügemarke nach rechts bis zur nächsten automatischen Tabstopp-Position (alle 1,25 cm). So musst du für manche Abstände zweimal die Tabulator-Taste drücken. Standard-Tabstopps gibt es nur dort, wo du keine eigenen Tabstopps gesetzt hast.

## Eigene Tabstopps im Lineal setzen

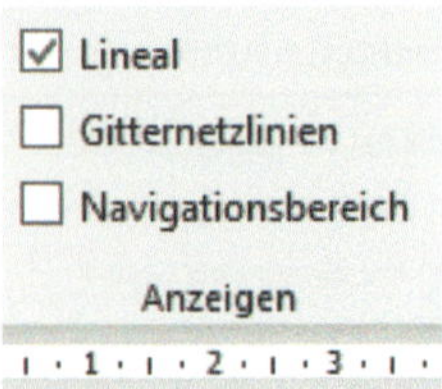


**Lineal einblenden:**
ANSICHT – ANZEIGEN – LINEAL

Du kannst die Tabstopp-Stellen auch selbst bestimmen – mithilfe des **Lineals.** Blende dir dafür vorher das Lineal ein und markiere alle Absätze, die damit formatiert werden sollen. Eine Tabstopp-Position sieht im Lineal so aus:

| | | |
|---|---|---|
| **Linksbündiger Tabstopp** | ∟ | Richtet den Text linksbündig an der von dir gesetzten Tabstopp-Position aus. |
| **Rechtsbündiger Tabstopp** | ┘ | Richtet den Text rechtsbündig an der von dir gesetzten Tabstopp-Position aus. |
| **Dezimal-tabulator** | ┴ | Richtet Zahlen stellenwertrichtig an der Tabstopp-Position aus. |

### SCHRITT FÜR SCHRITT: EIGENE TABSTOPPS SETZEN

Du kannst Tabstopps im Lineal setzen und ändern, aber auch im Dialogfeld TABSTOPPS. Dieses findest du unter LAYOUT – ABSATZ – ABSATZEINSTELLUNGEN – TABSTOPPS.

1. Drücke bei der Texteingabe an den gewünschten Stellen **nur einmal** die ⇄-Taste.

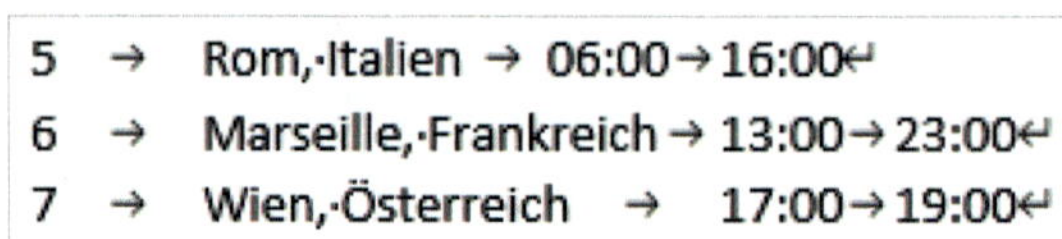


2. Nach jeder Zeile füge einen Zeilenumbruch (⇧ + ↵-Taste) und keinen Absatzumbruch (↵-Taste) ein, damit die Tabstopp-Positionen für den gesamten Absatz gelten. (Oder du markierst ganz zum Schluss den ganzen Absatz.) Das Geschriebene sieht zunächst etwas unordentlich aus.
3. Nun wähle auf der Schaltfläche TABSTOPPAUSRICHTUNG (das kleine Quadrat links neben dem Lineal) den passenden Tabulator.
4. Ein Klick auf die gewünschte Stelle im Lineal legt die Tabstopp-Position fest. Das Tabulatorsymbol erscheint im Lineal, der Text wird daran ausgerichtet.

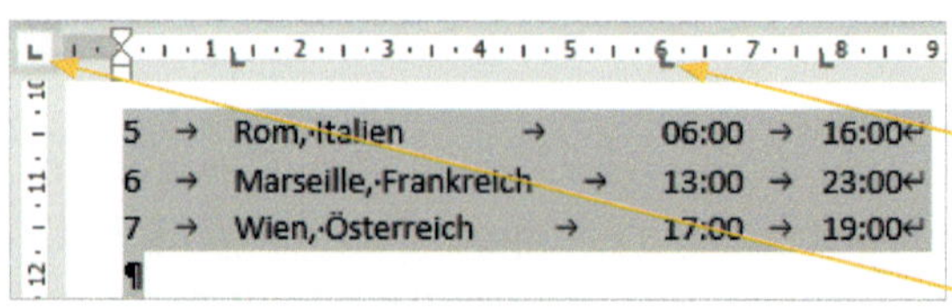


Klicken zum Festlegen eigener Tabstopp-Positionen

Schaltfläche zum Ändern der Tabstoppausrichtung

## Tabstopps ändern oder löschen

Um die Tabstopps zu ändern, markiere den Text und ziehe das Tabstopp-Symbol im Lineal an die gewünschte Stelle. Um Tabstopps zu löschen, ziehe das Tabstopp-Symbol aus dem Lineal oder

- Markiere den Text und gehe auf
- Register START – Gruppe ABSATZ – Pfeil des Dialogfeldes – TABSTOPPS ... – ALLE LÖSCHEN

## Dezimaltabulator

Der Dezimaltabulator ist ein Tabulator zum **Untereinanderschreiben von Zahlenspalten.** Du nutzt ihn, um Zahlen **an der Kommastelle auszurichten.**

### SCHRITT FÜR SCHRITT: DEZIMALTABULATOR SETZEN

1. Schreibe die folgenden Regionen mit den passenden Zahlen in je eine Zeile. Dazwischen die ⇄-Taste nicht vergessen!
2. Markiere nun die vier Zeilen. Klicke so lange auf die Schaltfläche TABSTOPP-AUSRICHTUNG (ganz oben links), bis das Symbol des Dezimaltabulators erscheint.
3. Klicke nun im horizontalen Lineal auf die Position 4 cm. Die vier Zahlen der Regionen sollten nun alle ihr Komma exakt an dieser Stelle haben.

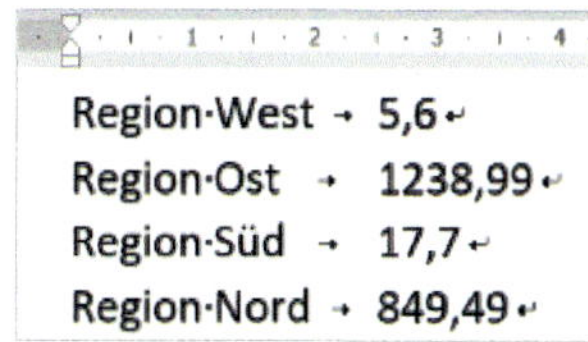


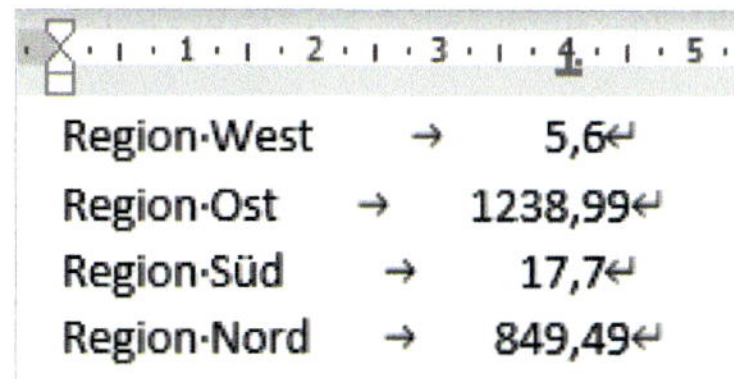


## Dialogfeld Tabstopps

Im Dialogfeld TABSTOPPS findest du eine **Übersicht** über viele verschiedene Tabulatoreinstellungen, die du festlegen kannst.

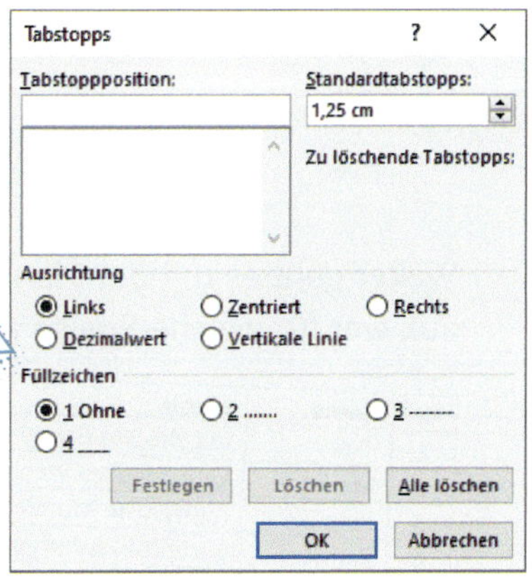


**Aha!**
Du kannst die leeren Stellen zwischen den Tabstopp-Positionen auch mit Füllzeichen versehen. Bei großen Abständen sind die Zahlen so leichter zu lesen.

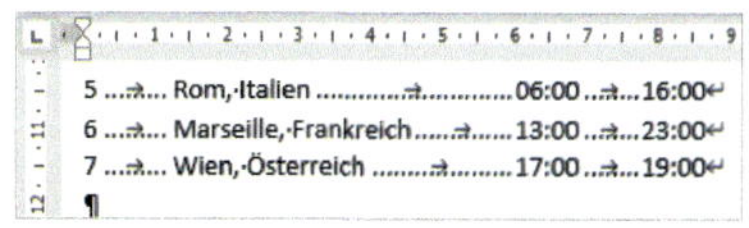


Die Füllzeichen für die Tabstopp-Positionen findest du hier:

Register START – Gruppe ABSATZ – Pfeil des Dialogfeldes – TABSTOPPS – FÜLLZEICHEN

## TrainingsBox – „Mit Tabulatoren Listen erstellen“

1. Erstelle eine Liste von WMF-Fachhändlern.
   a) Öffne das Dokument **WMF_u.docx** und speichere es unter **WMF1.docx.**
   b) Verwende für die Überschrift die Formatvorlage Überschrift 1.
   c) Setze anschließend linksbündige Tabstopps bei 2,5 cm, 5 cm, 8,5 cm und 12,5 cm.
   d) Kopiere den Text mit Überschrift und füge ihn darunter mehrmals ein.
   e) Lege für jeden kopierten Text Tabstopps an Positionen eigener Wahl fest.
   f) Formatiere die Ortsnamen und/oder den Text mit Formatvorlagen, Designfarben und Dokumentformatierungen bzw. Schriften eigener Wahl.
   g) Formatiere den Text anschließend mit Dokumentformatierung Schattiert, Designfarbe Grün, fett und Füllzeichen.
   h) Vergleiche in der Druckvorschau deine Ergebnisse.
   i) Speichern nicht vergessen!

WMF-FACHHÄNDLER·IN·IHRER·NÄHE

| | | | | |
|---|---|---|---|---|
| **Linz** | Passage | Landstraße·17-25· | Tel.·0732·78·18·81-0· | office-linz@wmf.at |
| | Leiner | Grillparzerstraße·25· | Tel.·0732·65·74·62-0· | info@leiner.at |
| | XXXLutz | Goethestraße·58· | Tel.·05·01·01-135· | linz@lutz.at |
| | Rechberger | Lastenstraße·42· | Tel.·0732·69·25-0· | info@rechberger.at |
| **Altmünster** | Heissl | Ebenzweierstraße·5· | Tel.·07612·880·25-0· | office@heissl.at |
| **Andorf** | Hochegger | Hauptstraße·19· | Tel.·07766·21·72-0· | hochegger@direkt.at |
| **Bad·Ischl** | Exquisit | Am·Leharkai·2· | Tel.·06132·233·65-0· | office@exquisit.at |
| **Braunau** | Brühwasser | Stadtplatz·56· | Tel.·07722·629·21-0· | bruehwasser@aon.at |

**2.** Spiele **Stadt Land Fluss.**

a) Erstelle ein neues Word Dokument und speichere es unter **Stadt_Land_Fluss.docx** ab.

b) Gestalte das Dokument im Querformat und füge in der Kopfzeile deinen Namen ein.

c) Gib nun folgende Tabstopps ein: **Linksbündig** 5 cm und 14 cm, **zentriert** 10 cm und 20 cm und **rechtsbündig** 16 cm. Gib als Überschriften folgendes ein: Stadt, Land, Fluss, Name, Speise, Tier.

d) Füge danach eine Leerzeile ein und spiele mit deinem Banknachbarn drei Runden.

e) Gestalte zum Abschluss das WORD-Dokument nach deinen Vorstellungen.

f) Speichern nicht vergessen!

BONUS LEVEL ENDE

## 3.9 Tabellen einfügen

### So einfach geht's! – „Tabellen einfügen"

Weiter geht es mit der Planung der Halloween-Party. Mark schreibt auf, wer für welche Speise wieviel Geld ausgibt.

| Nr. | Name | Menü | Preis in EUR |
|---|---|---|---|
| 1 | Ilker | abgehackte Grusel-Finger in Würmer-Sauce | 8,80 |
| 2 | Mark | knusprige Spinnenbeine mit Blut-Ketchup | 9,95 |
| 3 | Jana | mysteriöse Mumien-Pizza mit Käsetopping | 10,00 |
| 4 | Emma | gerührte Fledermauseier | 4,30 |
| 5 | Julia | pikante Hexenkrallen | 5,20 |
| 6 | Muhamed | scharfe Salzknochen | 2,99 |
| 7 | Alex | geheime Skelett-Sandwiches | 2,99 |
| 8 | Fredi | schaurige Zombie-Kürbisse | 14,00 |
| 9 | Kevin | süße Glibber-Augen mit unheimlichem Raupen-Cocktail | 3,90 |
| | | **SUMME:** | **62,13** |

Es gibt eine einfache Alternative zu Tabulatoren und Tabstopps: Das ist die **Tabelle** in WORD.

Eine interaktive Übung findest du in der TRAUNER-DigiBox.

**DAS SOLLTEST DU SPEICHERN**

Mit **Tabellen** ordnest du Texte, Zahlen, Bilder und sonstige Objekte auf einer Seite an. Die Inhalte werden dabei waagrecht **in Zeilen** und senkrecht **in Spalten** gegliedert.

Die wichtigsten Tabellen-Elemente heißen ZEILE, SPALTE und ZELLE. Mit der Tabulator-Taste bewegst du dich nach rechts von einer Zelle zur nächsten. Durch Klick in eine Zelle oder mit den Pfeiltasten steuerst du beliebige Zellen an.

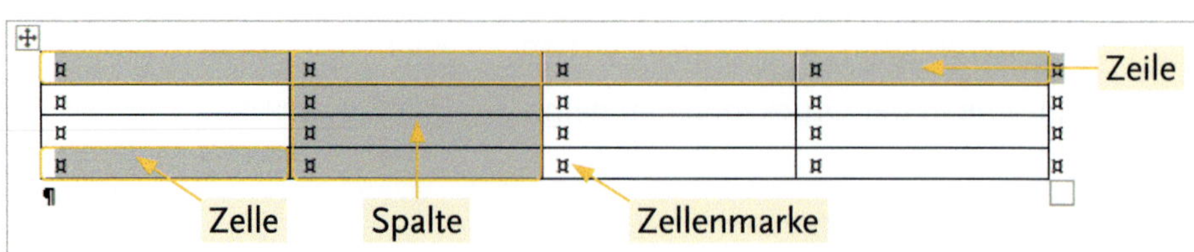

So kannst du Tabellen in dein WORD-Dokument einfügen:

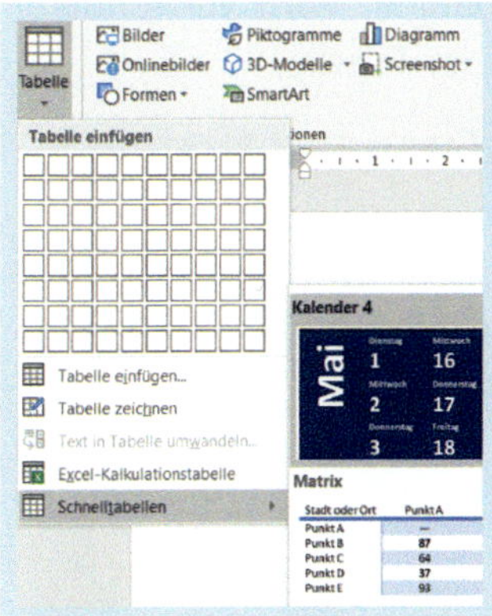


**Schnelltabellen einfügen**

Schnelltabellen sind bereits vorgegebene formatierte Tabellen. Die Farben und Schriften hängen vom gewählten Design ab.

- Einfügemarke an die gewünschte Stelle
- Register EINFÜGEN – Gruppe TABELLEN – Listenfeld TABELLE – SCHNELLTABELLEN
- Passende Tabelle auswählen, z. B. KALENDER 4
- Klick, um die Tabelle einzufügen
- Danach kannst du diese Tabelle bearbeiten

oder

**Tabelle hinzufügen**

- Einfügemarke an die gewünschte Stelle
- Register EINFÜGEN – Gruppe TABELLEN – Listenfeld TABELLE
- In der gezeichneten Tabelle: Mauszeiger nach unten und rechts über die Gitternetzlinien bewegen und damit die Anzahl der Zeilen und Spalten bestimmen; im Dokument ist eine Vorschau der Tabelle zu sehen
- Klick, um die Tabelle einzufügen

WORD bietet viele verschiedene Schnelltabellen als Vorlagen an, z. B. Kalender oder Listen.

Spezialwissen rund um die Erstellung und Bearbeitung einer Tabelle findest du in der TRAUNER-DigiBox.

## WORD-Tabellen markieren

Deine WORD-Tabelle markierst du folgendermaßen:

| Element | Symbol/Mauszeiger | Markierung durch |
|---|---|---|
| **Tabelle** |  | Klick auf den Ziehpunkt der Tabelle |
| **Zelle** |  | Klick in die linke untere Ecke der Zelle |
| **Zeile** | 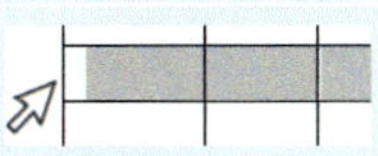 | Klick in die Markierungsleiste links vor der Zeile |
| **Spalte** | 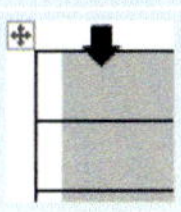 | Klick auf den oberen Rand der Spalte |

## WORD-Tabellen bearbeiten

Wenn du deine WORD-Tabelle bearbeiten möchtest, klicke in die Tabelle oder markiere sie. Dann erscheinen im Menüband die Register TABELLENENTWURF und LAYOUT. Hier kannst du Folgendes bearbeiten:

| | | |
|---|---|---|
| Start | Register START | Text in Tabellen und die Ausrichtung der gesamten Tabelle formatieren |
| Tabellenentwurf | Tabelle markieren – Register TABELLENENTWURF | Formatierungen zuweisen (z. B. Tabellenformatvorlagen, Rahmen, Schattierung) |
| Layout | Tabelle markieren – Register LAYOUT | Tabellenstruktur bearbeiten (z. B. Zeilenhöhe, Spaltenbreite, Textausrichtung) |

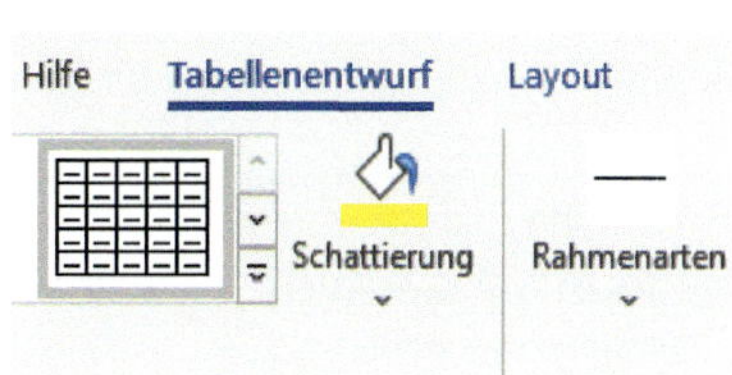

Eine interaktive Abbildung findest du in der TRAUNER-DigiBox.

## Tabellenformatvorlagen

Farben und Schriften der Tabellenformatvorlagen hängen vom verwendeten Design ab. Sie ermöglichen ein **rasches Formatieren** der Tabelle.

- Tabelle markieren – Register TABELLENENTWURF – TABELLENFORMATVORLAGEN
- Rahmen, Farben, Zeichen- und Absatzformatierung der gewählten Tabellenformatvorlage (z. B. EINFACHE TABELLEN, RASTERTABELLEN und LISTENTABELLEN) werden dem Text und den Zellen zugewiesen

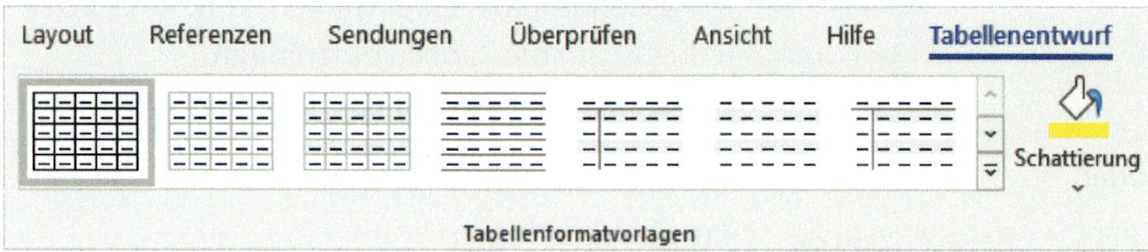


## Tabellenrahmen

Hier kannst du den Rahmen deiner Tabelle ändern:

- Tabelle, Zeilen, Spalten oder Zellen markieren – TABELLENENTWURF – Gruppe RAHMEN
- RAHMENARTEN, STIFTART, -FARBE UND -STÄRKE auswählen
- Im Listenfeld RAHMEN auswählen: ALLE RAHMENLINIEN. Damit bekommen alle Rahmenlinien (oben, unten und seitlich) diese Formatierung

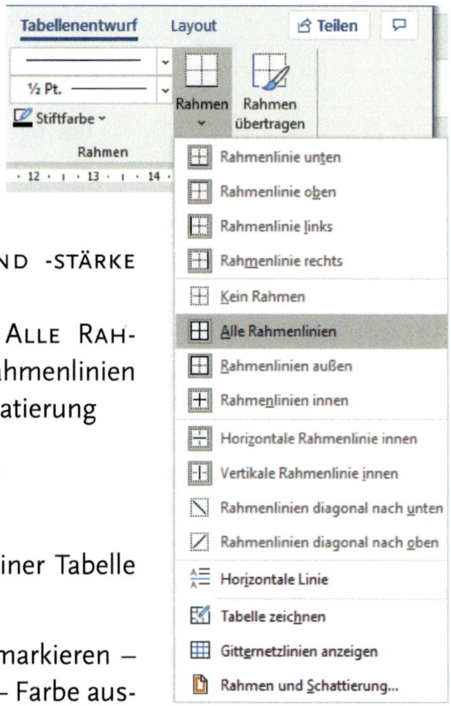


## Schattierung

Hier kannst du die Farbe der Zellen deiner Tabelle ändern:

- Tabelle, Zeilen, Spalten oder Zellen markieren – TABELLENENTWURF – SCHATTIERUNG – Farbe auswählen

## Tabellen-Elemente löschen oder einfügen

Wenn du Tabellenzeilen oder Tabellenspalten löschen oder einfügen willst, gehst du so vor:

### SCHRITT FÜR SCHRITT: TABELLEN-ELEMENTE LÖSCHEN

1. Zelle, Zeile, Spalte oder gesamte Tabelle markieren
2. LAYOUT (Tabelle) – ZEILEN UND SPALTEN – LÖSCHEN
3. Element auswählen – im Dialogfenster ZELLEN LÖSCHEN auswählen, wie die Zellen verschoben werden sollen

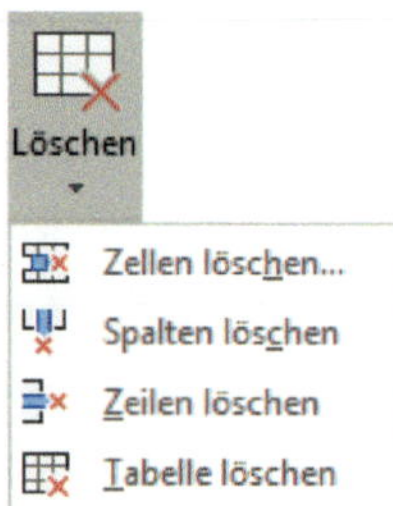


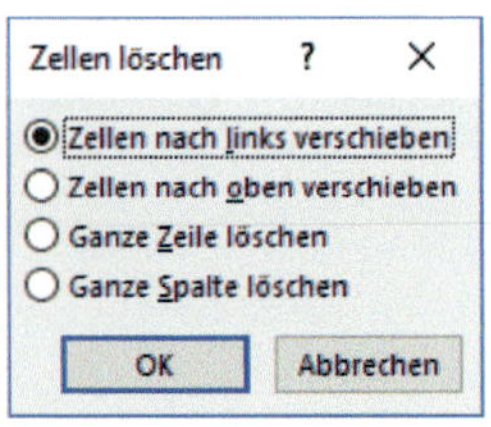

## SCHRITT FÜR SCHRITT: TABELLEN-ELEMENTE EINFÜGEN

1. Einfügemarke in der gewünschten Zelle positionieren
2. Klick mit rechter Maustaste – EINFÜGEN (im Kontextmenü)
3. Auswählen, wie die Zellen eingefügt werden sollen (darüber, darunter, links oder rechts)

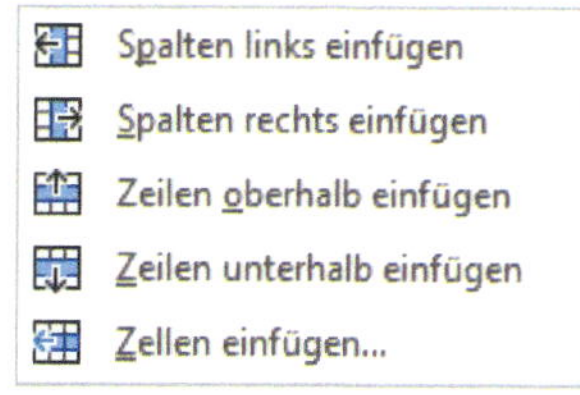


### Zellengröße

Du kannst die Zellengröße so ändern, nachdem du die gewünschten Elemente markiert hast:

- Ziehe an den Tabellenrahmenlinien – damit veränderst du Spaltenbreite bzw. Zeilenhöhe (der Mauszeiger ändert dabei die Form)
- Oder: LAYOUT (Tabelle) – Gruppe ZELLENGRÖSSE – BREITE bzw. HÖHE in Zentimetern eingeben
- Oder: LAYOUT (Tabelle) – Gruppe ZELLENGRÖSSE – AUTOANPASSEN – passende Auswahl treffen

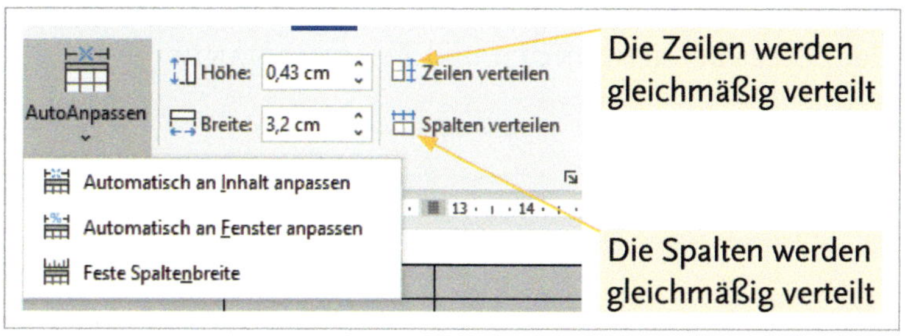


### Zellen verbinden oder teilen

Zellen verbindest du z. B. für eine Überschrift. Zellen teilst du z. B., wenn du verschiedene Werte eintragen willst.

- Betreffende Zellen markieren
- LAYOUT (Tabelle) – ZUSAMMENFÜHREN – Symbol ZELLEN VERBINDEN oder ZELLEN TEILEN

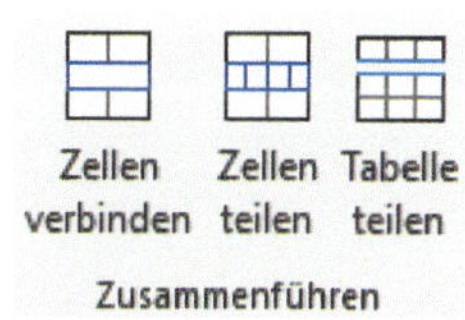


Beim Zellenverbinden wird der vorhandene Text aus den verbundenen Zellen **in Absätzen** angeordnet. Beim Zellenteilen gibst du an, in wie viele Spalten bzw. Zellen geteilt wird.

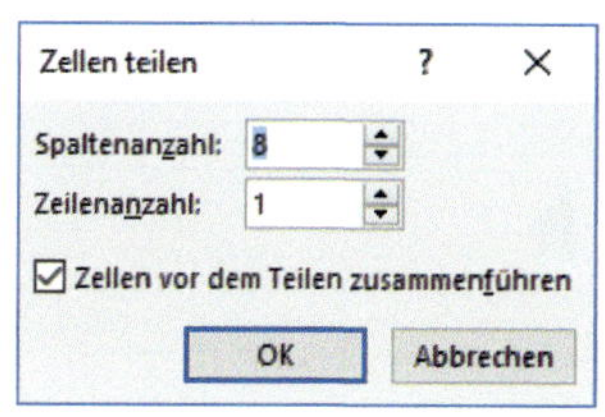


### Text in der Tabelle ausrichten

Mit der **Text-Ausrichtung** gibst du vor, wie der Text in deiner Tabelle ausgerichtet sein soll.

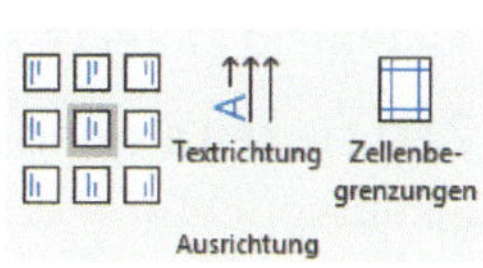


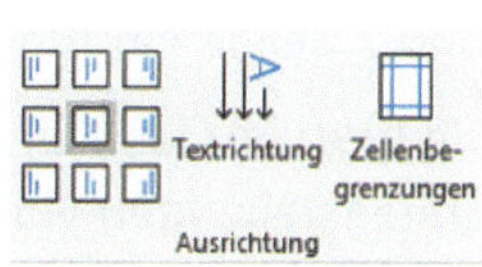


| Oben links ausgerichteter Text | Oben zentriert ausgerichteter Text | Oben rechts ausgerichteter Text |
|---|---|---|
| Mitte links ausgerichteter Text | Mittig ausgerichteter Text | Mitte rechts ausgerichteter Text |
| Unten links ausgerichteter Text | Unten in der Mitte ausgerichteter Text | Unten rechts ausgerichteter Text |

Abstand zwischen Zellenrahmenlinie und Textbeginn

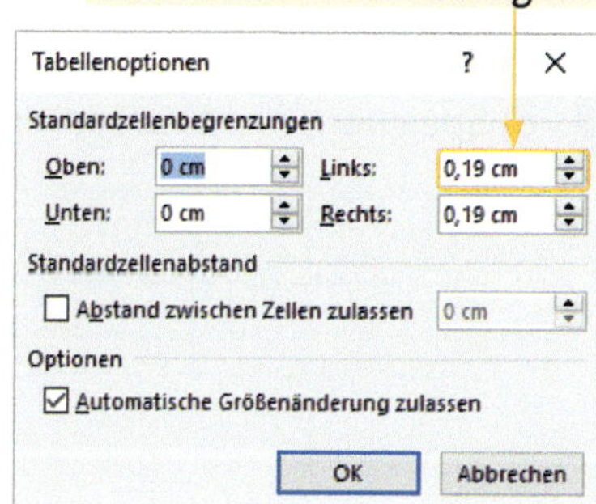

## SCHRITT FÜR SCHRITT: TEXT IN DER TABELLE AUSRICHTEN

1. Einfügemarke im Element positionieren oder Element markieren
2. LAYOUT (Tabelle) – AUSRICHTUNG
3. TEXTRICHTUNG ändert sich durch Klick auf das Symbol; so oft klicken, bis die gewünschte Ausrichtung erreicht ist
4. TEXTAUSRICHTUNG IN DER ZELLE (vertikal und horizontal) durch passendes Symbol auswählen
5. ZELLENBEGRENZUNGEN festlegen

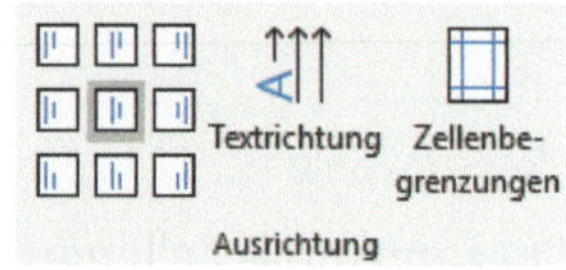


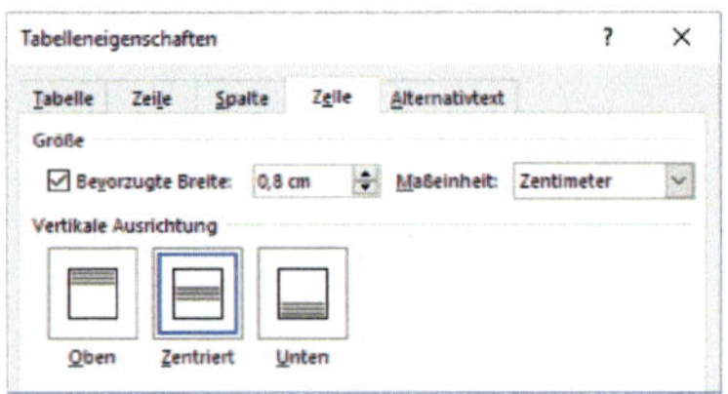


### Dialogfeld Tabelleneigenschaften

- Einfügemarke im Element positionieren oder Element markieren
- LAYOUT (Tabelle) – ZELLENGRÖSSE – Dialogfeld TABELLENEIGENSCHAFTEN
- Eigenschaften der TABELLE, ZEILE, SPALTE und ZELLE, wie z. B. BEVORZUGTE BREITE, HÖHE, AUSRICHTUNG und TEXTUMBRUCH über die passenden Register festlegen
- Die Schaltfläche OPTIONEN... im Register TABELLE bzw. ZELLE ermöglicht die Anpassung der ZELLENBEGRENZUNGEN und ZELLENABSTÄNDE

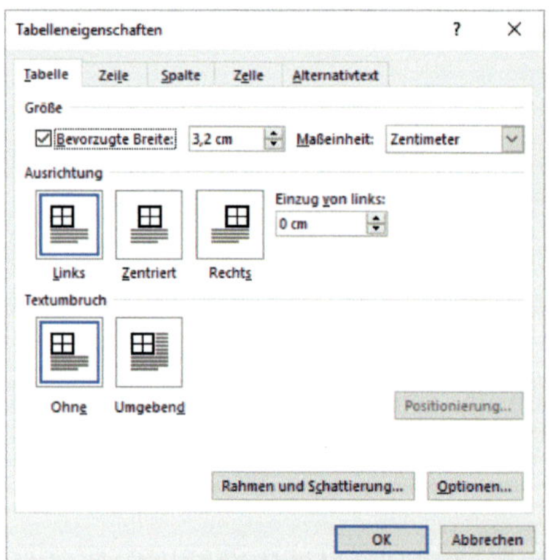

## TrainingsBox – „Tabellen einfügen“

**1.** Trainiere Tabellenzellen teilen.

a) Erstelle ein neues WORD-Dokument im Design Office und speichere es unter **Tabelle1.docx.**

b) Füge eine Tabelle mit 8 Spalten und 2 Zeilen ein (über Listenfeld TABELLE HINZUFÜGEN).

c) Markiere die erste Zelle und wähle LAYOUT (Tabelle) – ZELLEN TEILEN und trage 5 Spalten ein. Setze das so weit fort, dass deine Tabelle der untenstehenden Vorlage entspricht.

d) Speichern nicht vergessen!

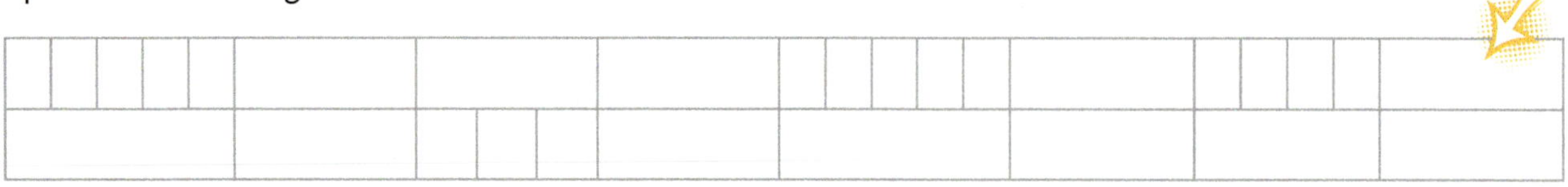

**2.** Trainiere Tabellenzellen verbinden.

a) Erstelle ein neues Dokument im Design Office und speichere es unter **Sportfest.docx.** Füge eine Tabelle mit 5 Spalten und 5 Zeilen ein (über das Dialogfeld TABELLE). Verbinde die Zellen wie in der untenstehenden Vorlage und trage die Daten in die Zellen ein.

b) Markiere die Tabelle und stelle unter LAYOUT (Tabelle) die Ausrichtung auf ZENTRIERT AUSRICHTEN bzw. MITTE LINKS AUSRICHTEN.

c) Weise den Zellen die richtigen Schattierungen zu.

d) Speichern nicht vergessen!

| | **Sportfest** | | | |
|---|---|---|---|---|
| | **Sabine** | **Nico** | **Doro** | **Tom** |
| 60 m Sprint/Sekunden | 14 | 16 | 13 | 12 |
| Weitsprung/Zentimenter | 320 | 295 | 300 | 346 |
| Schlagballwerfen/Meter | 25 | 31 | 27 | 17 |

**3.** Trainiere Tabellen erstellen.

a) Erstelle ein neues Dokument im Design Office und speichere es unter **Tabelle_Österreich.docx.**

b) Füge eine Tabelle mit 4 Spalten und 10 Zeilen ein.

c) Weise der Tabelle die Tabellenformatvorlage Gitternetztabelle 4-Akzent 1 zu.

d) Gestalte die Tabelle wie die Vorlage (Zellen verbinden in der obersten Zeile, angegebenen Text in die Zellen schreiben).

| Österreich | | | |
|---|---|---|---|
| **Bundesland** | Hauptstadt | Einwohnerzahl | Sehenswürdigkeiten |
| | | | |
| | | | |
| | | | |
| | | | |
| | | | |
| | | | |
| | | | |
| | | | |

e) Speichern nicht vergessen!

**4.** Es geht weiter mit deinem Geschäftsbrief!

a) Öffne das Dokument **Geschäftsbrief6.docx** und speichere es unter **Geschäftsbrief7.docx.**

b) Füge unter dem Briefkopf eine Tabelle mit 3 Spalten ein. Die erste Spalte ist der Bereich für die Anschrift des Empfängers. Die beiden anderen Spalten enthalten Tabellenzellen mit den Bezugszeichen bzw. dem Infoblock.

c) Überlege, welche Möglichkeiten es gibt, Spalten mit verschieden vielen Zellen zu erstellen.

d) Schreibe dann alle Angaben wie folgt ab:

| Herr<br>Mag. Ferdinand Zugar<br>Seeblick 53<br>7443 Rattersdorf | Ihre Nachricht: | 20..-03-06 |
|---|---|---|
| | | |
| | Name: | Elke Herzog |
| | Telefon: | +43 5476 265 36-0 |
| | E-Mail: | office@hotel-post.at |
| | | |
| | Datum: | 20..-03-10 |
| | | |

e) Anschließend formatiere die Tabelle ohne Rahmenlinien.

f) Speichern nicht vergessen!

**5.** Trainiere Schnelltabellen erstellen.

a) Erstelle ein neues Dokument im Design Office und füge eine Schnelltabelle (DOPPELTABELLE) ein.

b) Speichere das Dokument unter **Schnelltabelle.docx.**

c) Ändere in LAYOUT (Tabelle) die Zellengröße auf AUTOANPASSEN – AUTOMATISCH AN FENSTER ANPASSEN.

d) Erstelle die Daten wie in der Lösung abgebildet (oder hole dir die Verben aus dem Dokument **Schnelltabelle1.docx**). Ergänze die Liste um weitere Verben eigener Wahl; ändere die Formatierung passend (zentriert, kursiv).

Irregular Verbs

| Infinitive | Past Simple | Past Participle | Infinitive | Past Simple | Past Participle |
|---|---|---|---|---|---|
| become | became | *become* | drink | drank | *drunk* |
| begin | began | *begun* | drive | drove | *driven* |
| bite | bit | *bitten* | eat | ate | *eaten* |
| break | broke | *broken* | fall | fell | *fallen* |
| bring | brought | *brought* | feed | fed | *fed* |
| build | built | *built* | feel | felt | *felt* |
| buy | bought | *bought* | find | found | *found* |
| catch | caught | *caught* | forget | forgot | *forgotten* |
| come | came | *come* | get | got | *gotten* |
| cut | cut | *cut* | give | gave | *given* |
| do | did | *done* | go | went | *gone* |
| dig | dug | *dug* | have | had | *had* |
| draw | drew | *drawn* | hear | heard | *heard* |

e) Hebe jene Verben hervor, die du dir nicht merken kannst.

f) Speichern nicht vergessen!

**6.** Trainiere Tabellen formatieren.

a) Öffne das Dokument **Kalorien_u.docx** und speichere es unter **Kalorien1.docx.**

b) Richte den Text in der linken Spalte linksbündig und in den anderen Spalten rechtsbündig aus.

c) Die Spaltenüberschriften sind fett.

d) Weise den Zellen verschiedene Akzentfarben mit Füllfarben zu.

e) Speichere das Dokument in den Farben, die dir am besten gefallen.

| **Lebensmittel** | **Menge** | **Kilokalorien (kcal)** | **Kilojoule (kJ)** |
|---|---|---|---|
| Cheeseburger | 100 g | 250 kcal | 1 047 kJ |
| Hamburger | 100 g | 241 kcal | 1 007 kJ |
| Chickennuggets | 100 g | 236 kcal | 989 kJ |
| Chickenburger | 100 g | 248 kcal | 1 039 kJ |
| Hotdog | 100 g | 212 kcal | 889 kJ |
| Döner | 100 g | 215 kcal | 911 kJ |
| Hähnchendöner | 100 g | 235 kcal | 984 kJ |
| Vegetarischer Döner | 100 g | 107 kcal | 450 kJ |
| Frühlingsrollen mit Gemüsefüllung | 100 g | 166 kcal | 698 kJ |
| Nachos mit Käse | 100 g | 306 kcal | 1 280 kJ |
| Pommes | 100 g | 299 kcal | 1 252 kJ |

Der Lösungsvorschlag wurde mit der Designfarbe Rotorange (Akzent 5 und 6) und der Designschrift Century Gothic erstellt.

## 3.10 Illustrationen einfügen

**So einfach geht's! – „Illustrationen einfügen"**

Weiter geht es mit der Halloween-Einladung.

Unsere Einladung braucht auf jeden Fall eine Illustration!

Wenn du ein Dokument mit Bildern per E-Mail versenden willst, speichere es vorher im PDF-Format.

### DAS SOLLTEST DU SPEICHERN

**Illustrationen** sind Bildbeigaben zu einem Text, die das Geschriebene erklären oder verschönern. Es gibt in WORD die Möglichkeit, **Bilder, Grafiken, Diagramme, Formen, Piktogramme** oder **SmartArts** als Illustration einzufügen.

Durch das Einfügen solcher Illustrationen veränderst du das Aussehen deines Dokuments. Sie wecken Interesse bei der Leserin/beim Leser, die Dokumente wirken professioneller und die **Texte werden aussagekräftiger.**

**Wenn du Illustrationen einfügst, beachte aber unbedingt das Urheberrecht!**

Details zum Urheberrecht erfährst du unter www.trauner.at/urheberrecht.

### SCHRITT FÜR SCHRITT: BILDER EINFÜGEN

1. Einfügemarke an der gewünschten Stelle im Dokument positionieren
2. Register EINFÜGEN – Gruppe ILLUSTRATIONEN – BILDER – DIESES GERÄT
3. Speicherort des Bildes aufrufen und Bild auswählen
4. EINFÜGEN – die Grafik wird in das Dokument eingebettet (die Dateigröße wird damit erhöht)
5. Oder: Bild (z. B. von Websites) über die Zwischenablage im Dokument einfügen

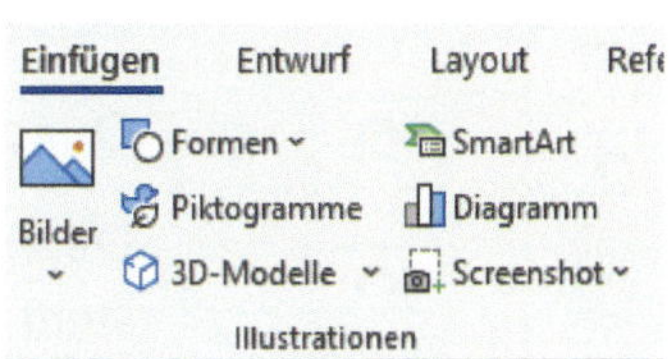


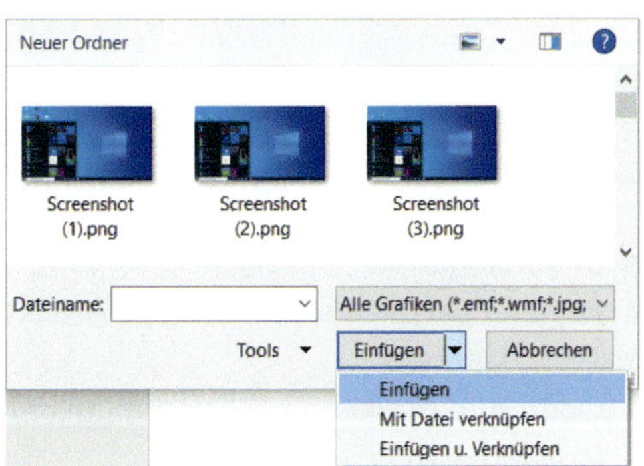

## Illustrationen anordnen

Bilder und Grafiken werden normalerweise genau an der Position der Einfügemarke platziert. Mit den Befehlen AUSSCHNEIDEN und EINFÜGEN bzw. Drag-and-drop kannst du sie an eine andere Stelle verschieben. Du kannst ihnen aber auch mit den folgenden Funktionen genaue Plätze zuweisen.

### Ausrichten

Wenn du dein Bild z. B. in der Seitenmitte deines Dokuments ausrichten willst, gehst du so vor:

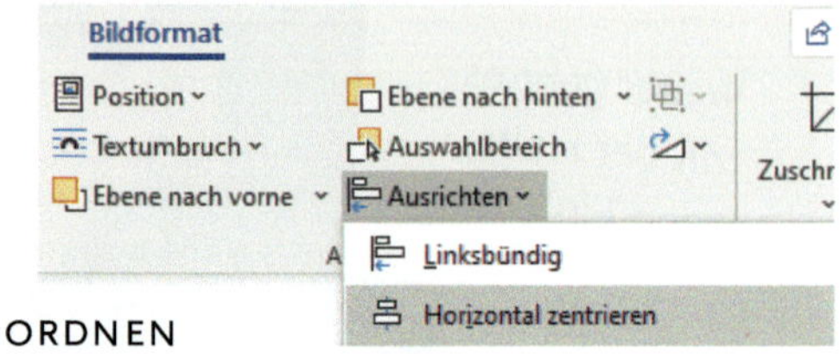


- Bild markieren
- Register BILDFORMAT – Gruppe ANORDNEN
- AUSRICHTEN – HORIZONTAL ZENTRIEREN.

### Position

Du kannst auch festlegen, wo sich die Illustration auf der Seite des Dokuments befinden soll (rechtsbündig, linksbündig, mittig ...). Der Text fließt dabei automatisch rund um die Illustration.

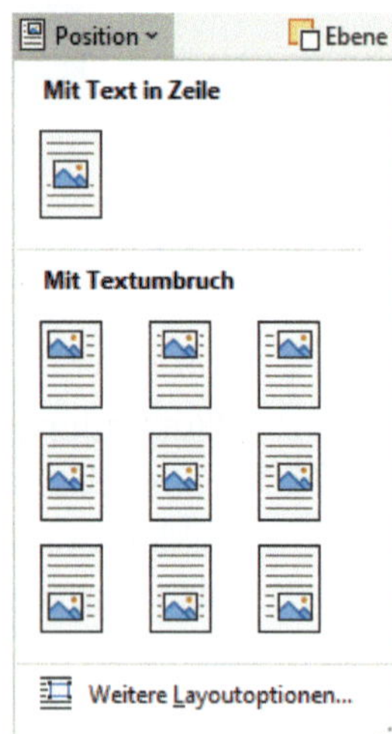


- Bild markieren
- Register BILDFORMAT – Gruppe ANORDNEN – POSITION – MIT TEXTUMBRUCH (passende Position auswählen)

Mit einem Klick auf die Illustration mit der linken Maustaste erscheint das Icon LAYOUTOPTIONEN. Hier kannst du entscheiden, wie der umgebende Text die Illustration umfließen soll.

### Textumbruch

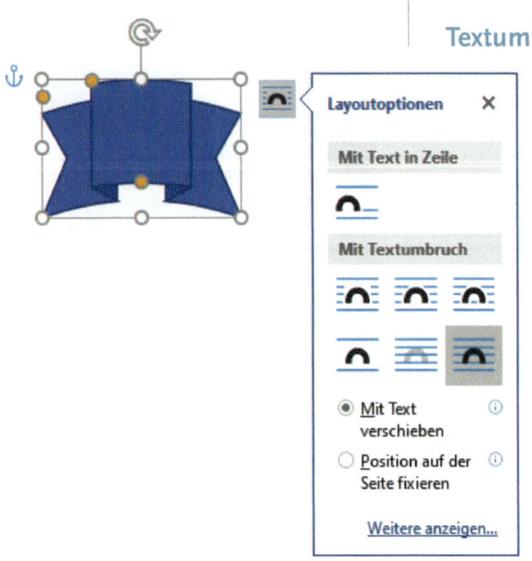


Der Textumbruch bestimmt, wie der Text neben der Illustration steht. Hier gibt es verschiedene Möglichkeiten:

| | |
|---|---|
| | MIT TEXT IN ZEILE – Grafik kann nicht frei positioniert werden, es gibt nur eine Zeile Text neben dem Bild |
| | QUADRAT – Text fließt um alle Seiten der Grafik herum |
| | OBEN UND UNTEN – Links und rechts von der Grafik steht kein Text |
| | VOR/HINTER DEN TEXT – Grafik wird vor oder hinter dem Text angezeigt |
| | WEITERE ANZEIGEN – weitere Einstellungsmöglichkeiten des Textumbruchs |

- Bild markieren
- Register BILDFORMAT – Gruppe ANORDNEN
- TEXTUMBRUCH
- Oder: Bild markieren (Klick mit linker Maustaste)
- Icon LAYOUTOPTIONEN

Standardmäßig werden Bilder von WORD mit der Umbruchart MIT TEXT IN ZEILE eingefügt.

## DAS SOLLTEST DU SPEICHERN

Mit der Funktion AUSRICHTEN kannst du Illustrationen an den Seitenrändern ausrichten (also linksbündig, rechtsbündig, zentriert ...).

Mit der Funktion POSITION bestimmst du, wo sich die Illustration auf der Seite des Dokuments befinden soll (also oben rechts, unten links, mittig ...).

Mit der Funktion TEXTUMBRUCH bestimmst du, wie der Text um die Illustration herum- oder durchfließt.

### Illustration verankern

Eine Illustration ist mit dem Absatz verbunden, in dem sich die Einfügemarke beim Einfügevorgang befunden hat. Ein Ankersymbol ⚓ links oben zeigt, mit welchem Absatz die Grafik verbunden ist. Diese verschiebt sich automatisch mit, wenn dieser Absatz nach oben oder unten verschoben wird.

Für Bilder mit dem Textumbruch MIT TEXT IN ZEILE wird kein Anker angezeigt.

**Um eine Illustration mit einem Absatz zu verbinden:**

- Bild markieren – BILDFORMAT – ANORDNEN – POSITION
- WEITERE LAYOUTOPTIONEN
- VERANKERN

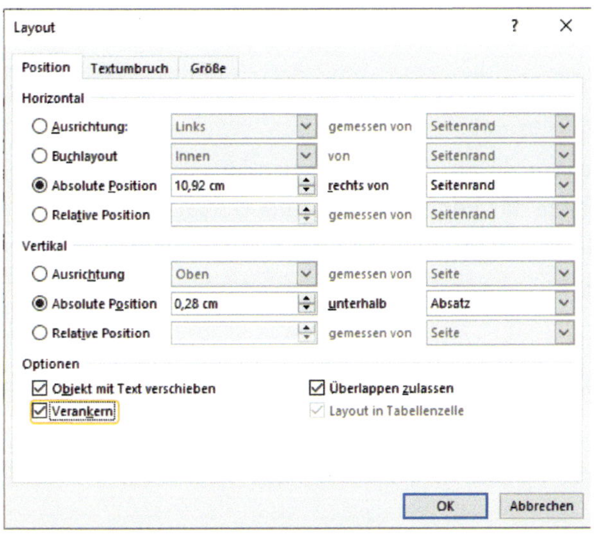

### TrainingsBox – „Illustrationen einfügen“

- Nun bekommt dein Geschäftsbrief eine Unterschrift und ein Logo.

a) Öffne das Dokument **Geschäftsbrief7.docx** und speichere es unter **Geschäftsbrief8.docx.**

b) Füge unter „Hotel Post“ die Bilddatei **Unterschrift_Geschäftsbrief.jpg** ein.

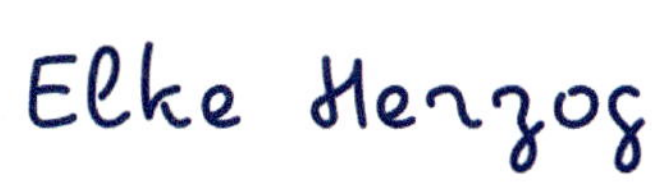


c) Gehe in die Kopfzeile und füge rechts neben „Hotel Post“ die vier Sterne ein (Datei **Geschäftsbrief_Vier_Sterne.jpg**).

d) Daneben füge das Logo ein (Datei **Geschäftsbrief_Hotel_Post_Logo.jpg**). Achte darauf, dass die Positionen der Bilder stimmen.

e) Speichern nicht vergessen!

## 3.11 Illustrationen bearbeiten

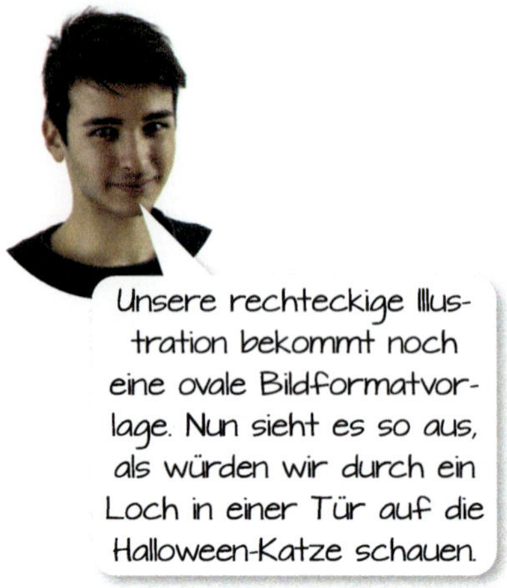


So einfach geht's! – „Illustrationen bearbeiten“

### Bildformat

Wenn du ein Bild einfügst oder markierst (anklickst), erscheint in der Menüleiste das Register BILDFORMAT. Nach einem Klick darauf erscheinen viele Funktionen, mit denen du dein Bild bearbeiten kannst.

**DAS SOLLTEST DU SPEICHERN**

Im Register BILDFORMAT kannst du z. B. die GRÖSSE oder die FARBEN deines Bildes ändern und ihm EFFEKTE zuweisen (Rahmen, Schattierung, Spiegelung ...). Auch die POSITION des Bildes kannst du hier ändern, wie du bereits weißt.

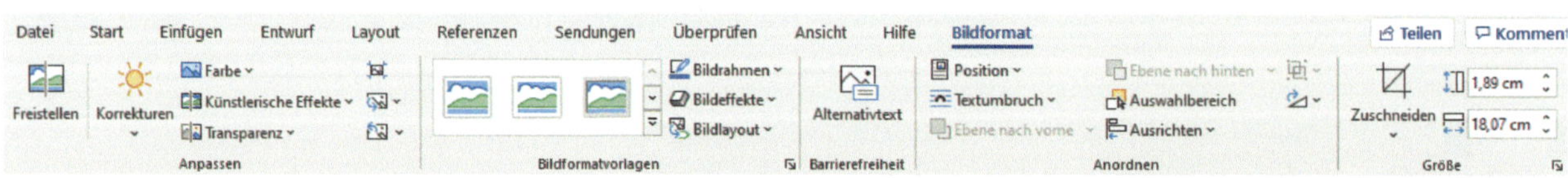


### Bildgröße ändern

Du kannst ein Bild oder eine Grafik auf eine bestimmte Größe oder auf eine bestimmte Form zuschneiden.

- BILDFORMAT – GRÖSSE
- ZUSCHNEIDEN
- Oder rechter Mausklick auf Bild

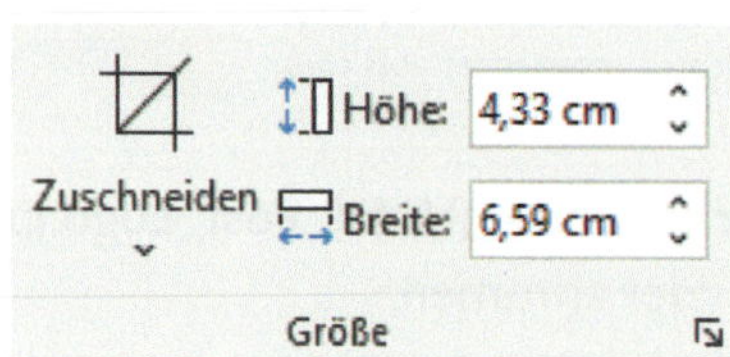


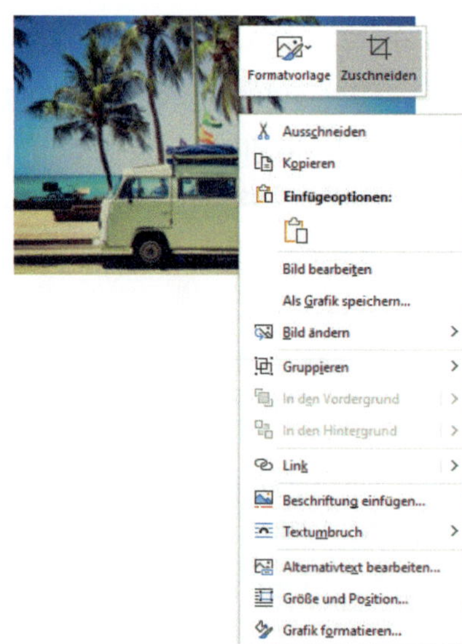

## Dialogfeld Layout

Hier kannst du präzise Änderungen zur Größe, Drehung und Skalierung vornehmen.

- Bild markieren
- BILDFORMAT – GRÖSSE – Dialogfeld ERWEITERTES LAYOUT: GRÖSSE öffnen

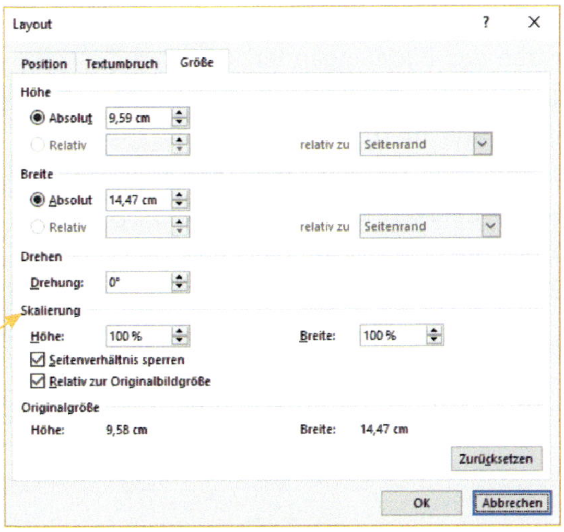


Maße eines Objektes verändern

Um die Bildgröße zu verändern, brauchst du keine Schere. Das geht ganz einfach in WORD.

## Bild oder Grafik ändern

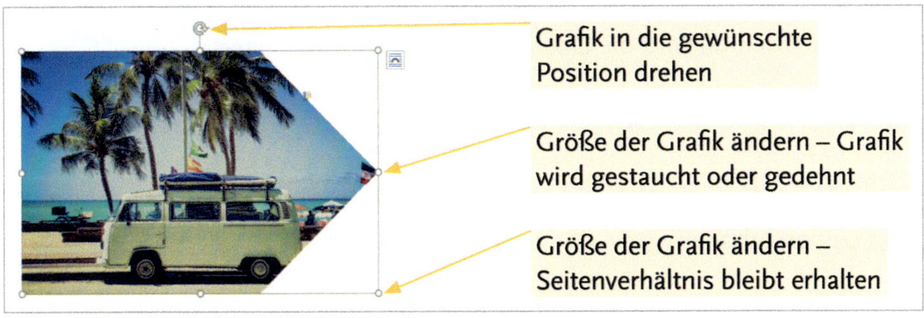


### TrainingsBox – „Bildformat“

- Es geht weiter mit deinem Geschäftsbrief.

a) Öffne das Dokument **Geschäftsbrief8.docx** und speichere es unter **Geschäftsbrief9.docx.**

b) Markiere das Bild mit der Unterschrift, gehe zum Register Bildformat und finde heraus, was du an dieser Illustration ändern kannst. Probiere ein paar Funktionen aus (z. B. Farbe, Größe ändern).

c) Drehe die Unterschrift ein wenig.

d) Anschließend schneide das Bild mit den vier Sternen so zu, dass aus dem Hotel Post**** ein Zwei-Sterne-Hotel wird.

e) Speichern nicht vergessen!

## Bilder korrigieren

Mit dieser Funktion kannst du die Helligkeit, den Kontrast oder die Schärfe des Bildes verändern.

- BILDFORMAT – ANPASSEN – KORREKTUREN

Kontrast = der Unterschied der hellen und dunklen Bereiche eines Bildes.

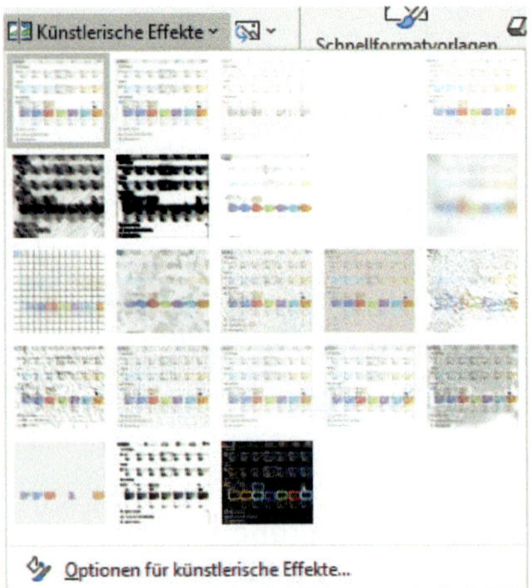


## Farbe und künstlerische Effekte

Mit diesen Funktionen kann die Farbe des Bildes geändert oder an das Dokumentdesign angepasst und die Qualität verbessert werden. Mit den künstlerischen Effekten kann die Grafik ähnlich einer Skizze oder einer Zeichnung gestaltet werden.

- BILDFORMAT – ANPASSEN – FARBE oder KÜNSTLERISCHE EFFEKTE

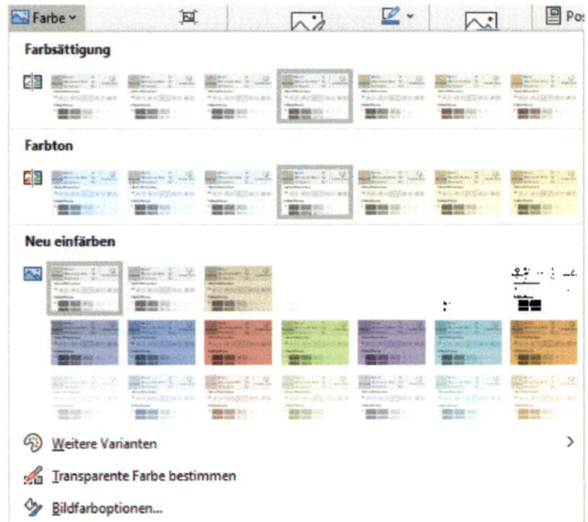


## Bilder komprimieren

Mit dieser Funktion wird die Dateigröße des Bildes verringert.

## Bild ändern

Es wird ein anderes Bild an dieser Stelle eingefügt, jedoch bleiben die Bildgröße und Position erhalten.

## Bild zurücksetzen

Am Bild vorgenommene Formatierungen werden verworfen/gelöscht.

## TrainingsBox – „Farbe und künstlerische Effekte“

- Bearbeite deine Illustrationen.

a) Öffne das Dokument **Seenland_u.docx** und speichere es unter **Seenland3.docx.**

b) Führe folgende Formatierungen durch:
- Wähle für das Dokument das Design Tropfen aus.
- Aktiviere die automatische Silbentrennung.
- Formatiere die Überschriften mit Formatvorlagen.

c) Füge die Bilder **Seenland1.jpg** und **Seenland2.jpg** jeweils unterhalb des Absatzes ein und führe folgende Formatierungen durch:
- Bild **Seenland1.jpg:** Färbe das Bild in der Voreinstellung Sepia ein.
- Bild **Seenland2.jpg:** Korrigiere die Helligkeit des Bildes auf +20 % und den Kontrast auf –20 %. Wende einen künstlerischen Effekt deiner Wahl an.

d) Speichern nicht vergessen!

Seenland Österreich
Wörthersee
Der größte See Kärntens und einer der wärmsten Alpenseen Österreichs ist der Wörthersee. Der Wörthersee ist 19,39 km² groß und erstreckt sich in Ost-West-Richtung über 16,5 km. Der tiefste Punkt des Wörthersees liegt bei rund 85 m.
Attersee
Ein im oberösterreichischen Salzkammergut liegender See ist der Attersee. Er ist der größte zur Gänze liegende See in Österreich, mit einer Länge von fast 19 km. Er ist der drittiefste See Österreichs, mit einer Tiefe von fast 170 m. Der Attersee ist ein beliebter See für Taucher und Segler.

## Bildformatvorlagen

Bilder und Grafiken können mit verschiedenen vorgefertigten Bildformatvorlagen angepasst werden.

- Register BILDFORMAT – Gruppe BILDFORMATVORLAGEN
- Bildformatvorlage auswählen.

Je nach Bildschirmgröße sieht dieses Feld unterschiedlich aus.

## Bildrahmen 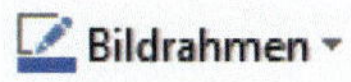


Wenn du deinem Bild einen Rahmen gibst, stellst du hier für die Kontur die Farbstärke und Linienart ein.

## Bildeffekte

Schatten, Spiegelungen, Leuchteffekte, weiche Kanten, Abschrägung und 3D-Drehungen können am Bild oder an der Grafik vorgenommen werden.

## Bilder formatieren

Zahlreiche Formatierungsvarianten, Füllungen, Bildkorrekturen, 3D-Einstellungen usw. können hier für die Bilder und Grafiken individuell festgelegt werden.

- Bild markieren
- Kontextmenü – GRAFIK FORMATIEREN...
- Oder BILDFORMAT – BILDFORMATVORLAGEN – Dialogfeld GRAFIK FORMATIEREN (= kleiner Pfeil rechts unten)

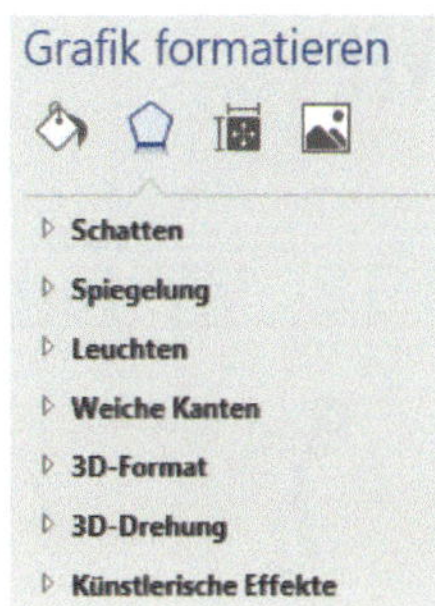


## TrainingsBox – „Bilder formatieren“

- Bearbeite deine Illustrationen.

a) Öffne die Datei **Seenland3.docx** und speichere das Dokument unter **Seenland4.docx.**

b) Wende an den beiden eingefügten Bildern unterschiedliche Bildformatvorlagen an. Probiere zusätzlich verschiedene Bildeffekte und Bildrahmen aus.

c) Anschließend richte das Dokument als Querformat ein und gestalte die Bilder nach folgenden Angaben:
- Bild **Seenland1.jpg:** Position: Oben-Rechts-Position mit quadratischem Textfluss.
- Bild **Seenland2.jpg:** Zeilenumbruch: Transparent – Verschiebe das Bild an die Position laut Lösungsvorschlag.

d) Ändere die Bildgröße nach deiner Wahl und drehe die Bilder.

e) Speichern nicht vergessen!

Lösungsvorschlag

Lösungsvorschlag

BONUS LEVEL

## 3.12 Weitere Gestaltungsmöglichkeiten

**So einfach geht's! – „Weitere Gestaltungsmöglichkeiten"**

Ilker fügt in die Halloween-Einladung noch ein WordArt ein und sagt zu Mark: „Wenn du ein Wort in Wellenlinien schreiben willst, geht das als WordArt."

So kannst du ein WordArt einfügen: Wort markieren - Register EINFÜGEN - Gruppe TEXT - Befehl WORDART.

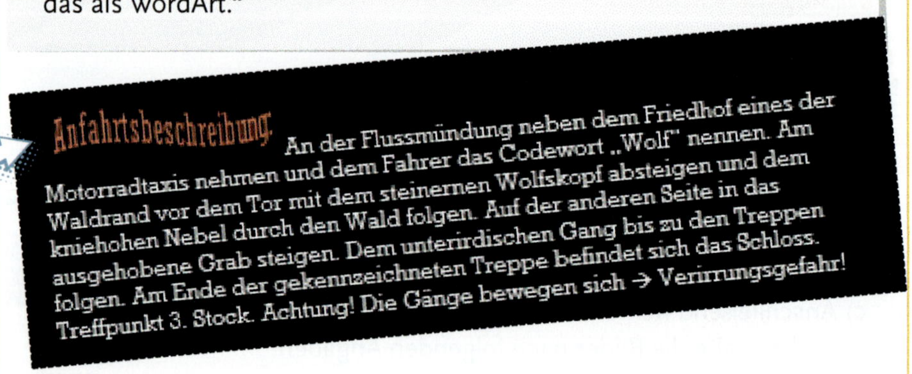


Wie du bereits weißt, gibt es in WORD die Möglichkeit, neben **Bildern** auch **Piktogramme, Diagramme, Formen, SmartArts** oder **WordArts** als Illustration einzufügen. Diese kannst du ähnlich wie Bilder bearbeiten. Wenn sie markiert sind, erscheint jeweils ein Register mit den passenden Format-Funktionen.

Das alles kannst du in WORD (im Register Einfügen) einfügen und bearbeiten:

| | Name | Erklärung | Register für die Bearbeitung: |
|---|---|---|---|
|  | **Piktogramme** | Icon mit klarer, einfacher Darstellung von etwas, das eine bestimmte Information gibt (v. a. auf Hinweisschildern) | Grafikformat |
| 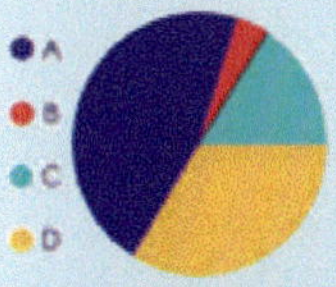 | **Diagramme** | Grafische Darstellung von Daten, Sachverhalten oder Informationen. Ein Bild von Zahlen, das einen Eindruck vom Unterschied zwischen Zahlen gibt | Format, Diagrammentwurf |
|  | **Formen** | Grafische Formen wie Linien, Pfeile, Sterne, Kreise, Rechtecke, Symbole, Sprechblasen, Banner und vieles mehr | Formformatierung |
|  | **SmartArts** | Schaubild, um Informationen übersichtlich darzustellen (z. B. Liste, Ablauf oder Organigramm) | SmartArt-Design |
|  | **WordArts** | Dekorativer Text mit Spezialeffekten (v. a. für Titelblätter, Schilder, Einladungen oder Werbemittel) | Formformatierung |
| 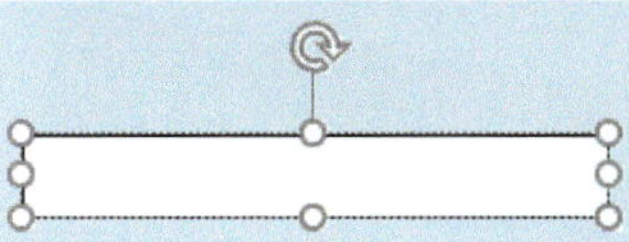 | **Textfelder** | Um Texte leicht an beliebigen Stellen im Dokument zu platzieren. | Formformatierung |
| 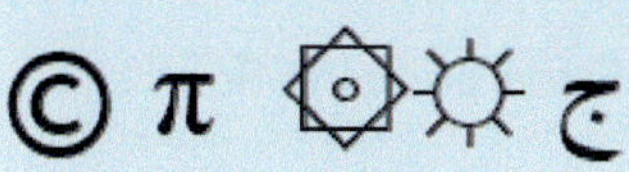 | **Symbole** | Symbole und Sonderzeichen sind Zeichen, die nicht auf der Tastatur zu finden sind (u. a. mathematische, fremdsprachige und Währungssymbole) | Werden wie normale Zeichen formatiert |

## Formen einfügen

In WORD kannst du grafische Formen wie Linien, Pfeile, Sterne, Kreise, Rechtecke, Symbole, Sprechblasen, Banner und vieles mehr einfügen und bearbeiten.

### SCHRITT FÜR SCHRITT: FORMEN EINFÜGEN

1. Einfügen – Illustrationen – Formen
2. Form im Katalog auswählen: z. B. Flussdiagramm – Lochstreifen
3. Es erscheint ein Kreuz als Einfügemarke. Mit gedrückter linker Maustaste die Form im Dokument aufziehen und in die gewünschte Gestalt bringen. (Die Form kann auch später noch an den Anfasspunkten in die gewünschte Form gezogen werden. Wenn du sie markierst, kannst du sie verschieben oder drehen.)
4. Form markieren – Formformatierung – Fülleffekt – Struktur – „Blaues Seidenpapier“ auswählen
5. Nach einem Klick in die Form schreibe folgenden Text: „Wir machen Urlaub!“

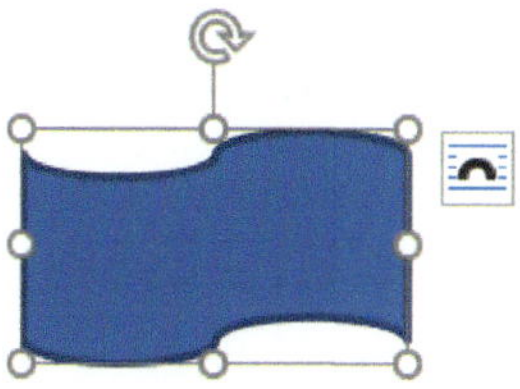

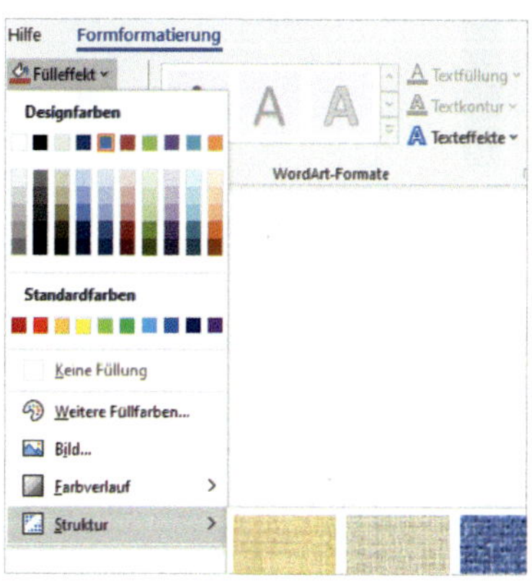

6. Markiere den Text und formatiere ihn folgendermaßen:
   - FORMFORMATIERUNG – TEXTFÜLLUNG – Dunkelblau auswählen
   - FORMFORMATIERUNG – TEXTKONTUR – STÄRKE – ¾ PUNKT
   - FORMFORMATIERUNG – TEXTEFFEKTE – SCHATTEN – SPIEGELUNG – wähle eine aus

## TrainingsBox – „Formen einfügen“

**1.** Füge verschiedene Formen ein.

a) Erstelle ein neues WORD-Dokument und speichere es unter **Formen1.docx.**

b) Gestalte die abgebildeten Formen nach.

c) Ergänze die Formen mit dem passenden Text.

d) Formatiere den Text und die Formen.

e) Füge noch weitere eigene Formen hinzu.

f) Speichern nicht vergessen!

**2.** Gestalte mit Formen ein neues Logo für den Geschäftsbrief **Hotel Post.**

a) Überlege dir zuerst die Gestaltung aus verschiedenen einfachen Formen, dann die Farbe und eine Beschriftung.

b) Anschließend füge verschiedene Formen so zusammen, dass sie ein gutes Logo ergeben.

c) Speichere dein Logo unter **Logo_neu_Hotel_Post.docx.**

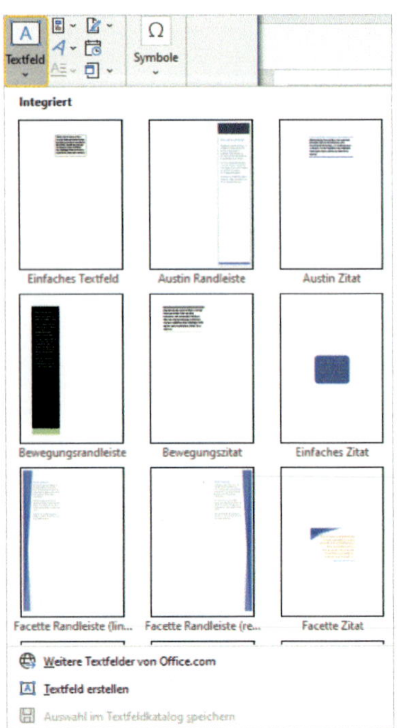


## Textfeld einfügen

### DAS SOLLTEST DU SPEICHERN

Möchtest du die Anordnung des Textes sehr unterschiedlich gestalten, verwende **Textfelder.** Diese kannst du an jeder beliebigen Position in einem Dokument einfügen und verschieben.

### SCHRITT FÜR SCHRITT: TEXTFELD EINFÜGEN

1. Register EINFÜGEN – Gruppe TEXT – TEXTFELD – Listenpfeil von TEXTFELD – TEXTFELD ERSTELLEN
2. Mit dem Kreuz ein Textfeld an der gewünschten Stelle aufziehen
3. Text im Textfeld eintragen

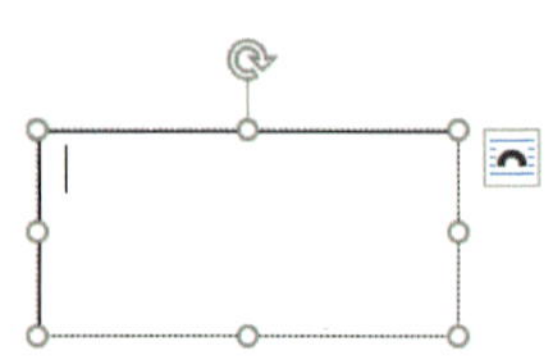

Wenn du das Textfeld markierst, kannst du es so verändern:

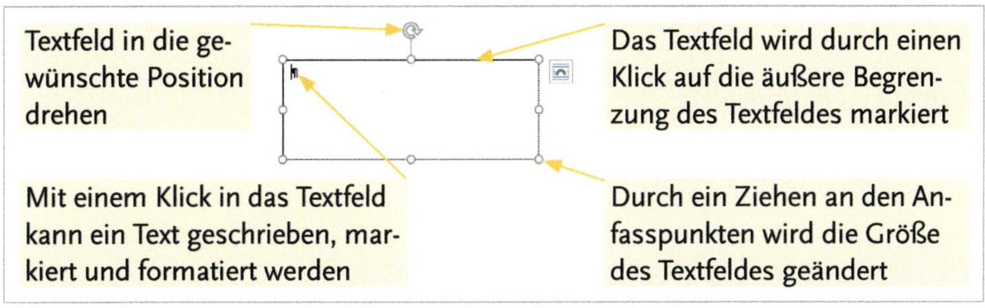


Im Register FORMFORMATIERUNG kannst du das Aussehen deines Textfeldes verändern:

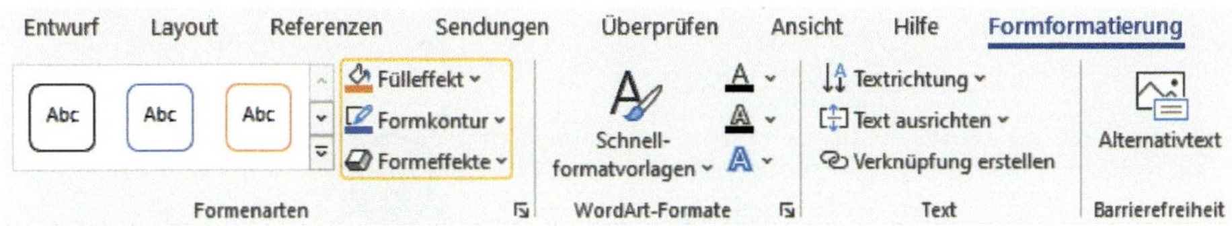


## SCHRITT FÜR SCHRITT: TEXTFELD BEARBEITEN

1. Textfeld markieren
2. Kontur: FORMFORMATIERUNG – FORMENARTEN – FORMKONTUR – passende Einstellungen wählen
3. Fülleffekt: FORMFORMATIERUNG – FÜLLEFFEKT – Farbe auswählen
4. Text im Textfeld markieren – Text wie gewohnt im Register START formatieren

INTEGRIERTE TEXTFELDER sind in Größe und Design schon voreingestellt. Du brauchst hier nur den Text auszutauschen.

## TrainingsBox – „Textfeld einfügen"

**1.** Gestalte eine Übersicht mit Textfeldern.

a) Öffne ein neues WORD-Dokument und speichere es unter **Hobby1.docx.**

b) Erstelle darin fünf verschiedene bunte Textfelder.

c) In jedes dieser Textfelder schreibe je ein Hobby von dir und eine kurze Beschreibung zu diesem Hobby (z. B. warum du diese Tätigkeit gerne machst oder besonders gut kannst oder Ähnliches). Jedes Textfeld soll anders aussehen.

**2.** Gestalte eine Übersicht mit Textfeldern.

a) Öffne die Datei **Sinne_u.docx** und speichere sie unter **Sinne1.docx.**

b) Gestalte das Dokument als Querformat.

c) Füge Textfelder ein und verschiebe den vorhandenen Text in die einzelnen Textfelder.

d) Formatiere die Textfelder unterschiedlich (Kontur, Fülleffekte, Bilder ...) und platziere die Textfelder passend im Dokument.

e) Speichern nicht vergessen!

BONUS LEVEL ENDE

## WortschatzBox – „Textgestaltung in WORD“

- Ordne die Tastenkombinationen den richtigen Aktionen zu:

|  |  |
| --- | --- |
| STRG + X | Aktion rückgängig machen |
| STRG + V | Gesamten Text markieren |
| STRG + S | Einfügen |
| STRG + C | Ausschneiden |
| STRG + F | Kopieren |
| STRG + Z | Speichern |
| STRG + A | Nach Wörtern suchen |

## WissensCheck – „Textgestaltung in WORD“

1. Gib an, wie man Schriftstücke nennt, die in WORD erstellt werden.

2. Erkläre die Unterschiede zwischen der WORD-Oberfläche und der WORD-Backstage-Ansicht.

3. Nenne den Namen der Befehlsleiste zum raschen Auffinden der Befehle in WORD.

4. Erkläre die Funktion des kleinen Pfeils rechts unten in manchen Gruppen.

5. Nenne das Design, das beim Öffnen eines neuen MICROSOFT-WORD-Dokuments eingestellt ist.

6. Nenne die drei Elemente, die ein WORD-Design ausmachen.

7. Erkläre, was man unbedingt tun muss, bevor man mit Formatvorlagen arbeitet.

**8.** Gib an, was passiert, wenn man die Aktion ALLE ERSETZEN verwendet und worauf man dabei achten muss.

**9.** Beschreibe, wie man unterschiedlich lange Abstände zwischen den Wörtern beim Blocksatz ausgleichen kann.

## Ziele erreicht? – „Textgestaltung in WORD"

KOMPETENZ-ERWERB

**1.** Die vier Freunde sollen nun ein Infoblatt mit Bildern gestalten. Hilf Ihnen dabei!

a) Erstelle ein neues Dokument im Hochformat und speichere es unter **Oxford10.docx.**

b) Füge darunter eine Tabelle mit 4 Spalten und 4 Zeilen mit der Einstellung OPTIMALE BREITE INHALT ein.

c) Verwende eine Auswahl der Bilder **Oxford1.jpg,** St. John's College, **Oxford2.jpg,** Trinity College, **Oxford3.jpg,** Worcester College, **Oxford4.jpg,** The Queen's College, **Oxford5.jpg,** All Souls College, **Oxford6.jpg,** Oriel College, **Oxford7.jpg,** Merton College, **Oxford8.jpg,** Hertford College, und **Oxford9.jpg,** Magdalen College, zur Gestaltung der Seite wie abgebildet.

d) Ändere alle Zellenhöhen auf 5 cm.

e) Richte die Bilder und Texte in allen Zellen zentriert aus.

f) Ändere die Textrichtung in der ersten und dritten Spalte wie abgebildet. Verringere die Standardzellbegrenzung auf 0 cm.

g) Zentriere die Tabelle.

h) Weise der Tabelle eine passende Schattierungsfarbe und dem Text eine passende Schriftfarbe zu.

i) Entferne die Rahmenlinien. Bei Bedarf ändere in SCHRIFTART – ERWEITERT – LIGATUREN auf NUR STANDARD.

j) Füge rechts eine weitere Spalte mit der Breite 0,45 cm ein.

k) Speichern nicht vergessen!

**2.** Die Lehrerin fragt: „Was gehört noch in eine Bewerbungsmappe?“ Emma antwortet wie aus der Pistole geschossen: „Natürlich ein **Bewerbungsschreiben!**“ Deshalb ist dies der nächste Arbeitsauftrag: Mark, Jana, Emma und Ilker sollen herausfinden, welche Formatierungen und Funktionen in diesem Bewerbungsschreiben verwendet wurden. Kreuze jeweils die richtige Auswahl an:

- ◯ Absatzmarke
- ◯ Einfügemarke

- ◯ linksbündig
- ◯ rechtsbündig
- ◯ Blocksatz

- ◯ Grammatikkorrektur
- ◯ Rechtschreibfehler
- ◯ Autokorrektur
- ◯ Thesaurus

- ◯ Zeilenabstand
- ◯ Absatzabstand

- ◯ Grammatikfehler
- ◯ Rechtschreibfehler

- ◯ Einzug
- ◯ Absatz
- ◯ Block

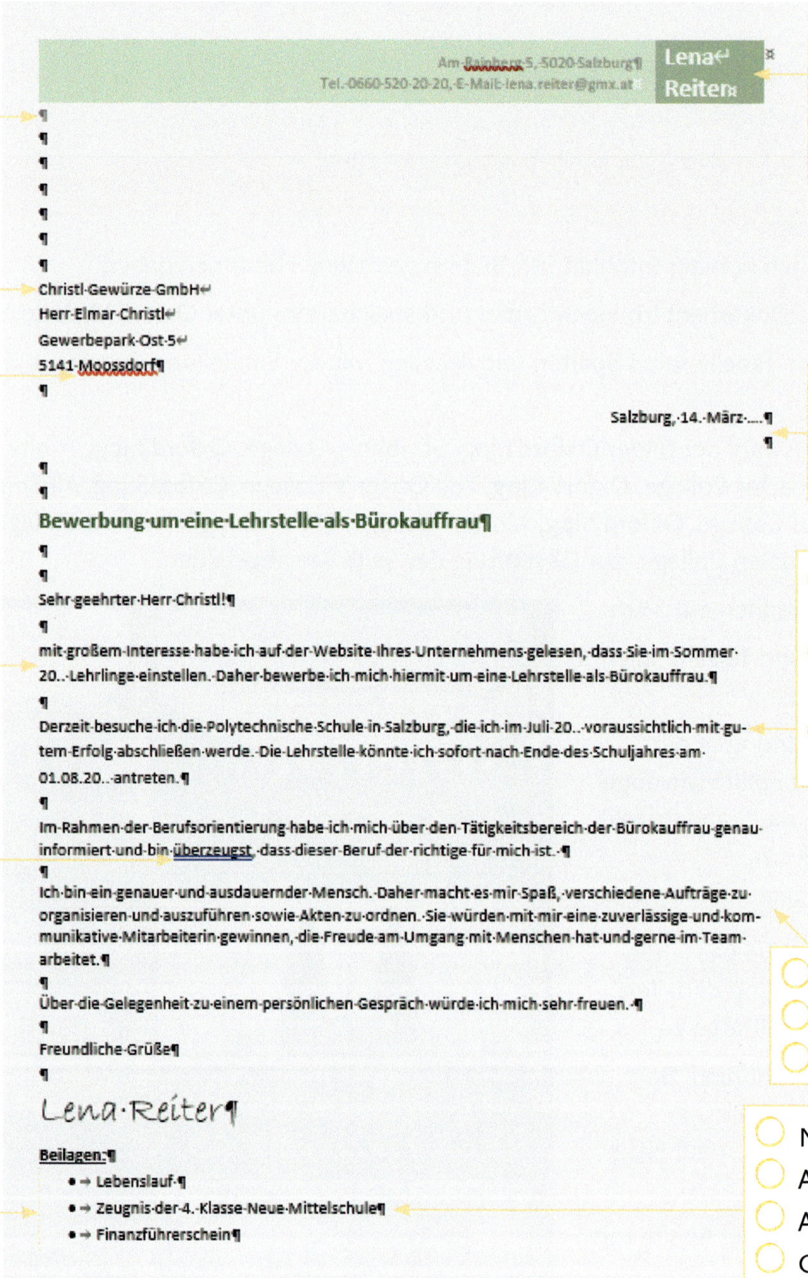

Am Rainberg 5, 5020 Salzburg
Tel. 0660 520 20 20, E-Mail: lena.reiter@gmx.at

Lena Reiter

Christl Gewürze GmbH
Herr Elmar Christl
Gewerbepark Ost 5
5141 Moossdorf

Salzburg, 14. März ...

**Bewerbung um eine Lehrstelle als Bürokauffrau**

Sehr geehrter Herr Christl!

mit großem Interesse habe ich auf der Website Ihres Unternehmens gelesen, dass Sie im Sommer 20.. Lehrlinge einstellen. Daher bewerbe ich mich hiermit um eine Lehrstelle als Bürokauffrau.

Derzeit besuche ich die Polytechnische Schule in Salzburg, die ich im Juli 20.. voraussichtlich mit gutem Erfolg abschließen werde. Die Lehrstelle könnte ich sofort nach Ende des Schuljahres am 01.08.20.. antreten.

Im Rahmen der Berufsorientierung habe ich mich über den Tätigkeitsbereich der Bürokauffrau genau informiert und bin überzeugst, dass dieser Beruf der richtige für mich ist.

Ich bin ein genauer und ausdauernder Mensch. Daher macht es mir Spaß, verschiedene Aufträge zu organisieren und auszuführen sowie Akten zu ordnen. Sie würden mit mir eine zuverlässige und kommunikative Mitarbeiterin gewinnen, die Freude am Umgang mit Menschen hat und gerne im Team arbeitet.

Über die Gelegenheit zu einem persönlichen Gespräch würde ich mich sehr freuen.

Freundliche Grüße

Lena Reiter

Beilagen:
- Lebenslauf
- Zeugnis der 4. Klasse Neue Mittelschule
- Finanzführerschein

- ◯ Tabelle
- ◯ Tabulator
- ◯ Wasserzeichen

- ◯ linksbündig
- ◯ rechtsbündig
- ◯ Blocksatz

- ◯ automatische Worttrennung
- ◯ automatische Silbentrennung
- ◯ automatische Trennung

- ◯ Seitenrand
- ◯ Seitenabstand
- ◯ Seitenausrichtung

- ◯ Nummerierung
- ◯ Aufzählungszeichen
- ◯ Auflistung
- ◯ Gliederung

Dieses Bewerbungsschreiben
- ◯ findest du in der Backstage-Ansicht von WORD.
- ◯ findest du auf der WORD-Oberfläche.

Die Seitenausrichtung dieses Bewerbungsschreibens ist
- ◯ hochformatig.
- ◯ querformatig.

Dieses Bewerbungsschreiben wird angezeigt in der Ansichtsart
- ◯ Lesemodus.
- ◯ Drucklayout.
- ◯ Gliederung.
- ◯ Entwurf.

In diesem Bewerbungsschreiben werden die nichtdruckbaren Zeichen
- ◯ angezeigt.
- ◯ nicht angezeigt.

Für den Druck dieses Bewerbungsschreibens verwendet man das Papierformat

- ○ DIN A5.
- ○ DIN A4.
- ○ DIN A3.

Dieses Bewerbungsschreiben hat

- ○ eine Kopfzeile.
- ○ eine Fußzeile.
- ○ keine Kopf- und Fußzeilen.

**3.** Mark, Jana, Emma und Ilker werden nun ein Informationsblatt gestalten. Kannst du das auch?

a) Öffne das Dokument **Schmiding_u.docx** und speichere es unter **Schmiding1.docx.**

b) Strukturiere den Text in Titel, Überschriften und Textkörper und verwende dafür die passenden Formatvorlagen.

c) Gestalte dein Dokument mit folgenden Einstellungen:

- Ausrichtung: A5-Hochformat
- Seitenränder: Schmal
- Design und Dokumentformatierung deiner Wahl (ähnlich dem Lösungsvorschlag)
- Absatzabstand: Offen

d) Gestalte einen entsprechenden Seitenrand für dein Dokument.

e) Speichern nicht vergessen!

# NATUR – KULTUR – ERLEBNIS

## Zoo Schmiding

Der Zoo Schmiding – ein moderner Lebensraumzoo mit einem spannenden kulturellen Angebot und viel Spaß und Action für Kinder.

### Roter Panda

Sein treuherziger Blick und sein langes kuscheliges Fell fallen bei dem im Osten des Himalajas beheimateten und stark gefährdeten Roten Panda auf.

### Sibirischer Tiger

4 m Körperlänge, 1,10 m Schulterhöhe und ein Gewicht von 300 kg machen ihn zum imposantesten Vertreter unter den Tigern.

### Tropenhaus

Urwaldatmosphäre pur erlebt man im riesigen Tropenhaus im Zoo Schmiding. Zwischen üppiger tropischer Vegetation erspäht man zahlreiche bunte Vögel, faul dösende Nilkrokodile, eine Gruppe frecher Kurzkrallenottern, putziger Krallenäffchen, Flughunde, aber auch Riesenschlangen und Warane bevölkern diesen Lebensraum.

### Flachlandgorilla

Seit 2004 lebt eine Gruppe Flachlandgorillas im Zoo Schmiding. Auf der 1 800 m² großen hochmodernen Anlage finden Österreichs einzige Gorillas alles, was das Gorillaherz begehrt.

Quelle: Informationsblatt Zoo Schmiding, 2012

**4.** In der Pause kontrollieren Mark, Jana, Emma und Ilker die Einladung zur Halloween-Party. Kreuze jeweils den richtigen Befehl an, den du für die jeweilige Funktion brauchst. (Siehe Beispiel)

Nach dem praktischen Teil sollen Mark, Jana, Emma und Ilker grundsätzliche Fragen zu WORD beantworten. Das kannst du für sie übernehmen! Beim Formatieren deines WORD-Dokuments gibt es sehr viele Möglichkeiten und Funktionen. Fülle die Felder der folgenden Zusammenfassung aus und notiere jeweils einige Beispiele.

- ◯ Start – Absatz – Rahmen und Schattierung
- ◯ Entwurf – Seitenränder

- ◯ Start – Formatvorlagen: Titel
- ◯ Start – Formatvorlagen: Überschrift1
- ◯ Start – Formatvorlagen: Überschrift2
- ◯ Start – Formatvorlagen: Standard

- ◯ Start – Formatvorlagen: Titel
- ◯ Start – Formatvorlagen: Überschrift 1
- ◯ Start – Formatvorlagen: Überschrift 2
- ◯ Start – Formatvorlagen: Standard

- ◯ Einfügen – WordArt
- ◯ Einfügen – SmartArt
- ◯ Einfügen – Piktogramm

- ◯ Einfügen – Bilder
- ◯ Einfügen – Piktogramme

- ◯ Illustration – Layout – Position
- ◯ Illustration – Bildformat – Bildformatvorlage aussuchen
- ◯ Illustration – Bildformat – Größe – Zuschneiden

- ◯ Entwurf – Wasserzeichen
- ◯ Entwurf - Seitenfarbe

- ◯ Start – Formatvorlagen: Titel
- ◯ Start – Formatvorlagen: Überschrift 1
- ◯ Start – Formatvorlagen: Überschrift 2
- ◯ Start – Formatvorlagen: Standard

- ◯ Einfügen – Fußzeile
- ◯ Einfügen – Kopfzeile
- ◯ Einfügen – Kommentar

| **WORD unterscheidet zwischen:** | **Zeichenformatierung** | **Absatzformatierung** | **Seitenformatierung** |
|---|---|---|---|
| Die Gruppe im Menüband für die Bearbeitung heißt: | | ABSATZ | |
| Erklärung: | bezieht sich auf einzelne Zeichen, Wörter oder Sätze. | bezieht sich auf | bezieht sich auf |
| Formatiert wird z. B.: | Schriftart, | Tabulatoren, | Seitenränder, |

Einen interaktiven **Safety-Check** findest du in der TRAUNER-DigiBox.

## Stichwortverzeichnis

## Übungsverzeichnis



## Bildnachweis

**Redaktionelle Bilder**
S. 33 ©dennizn – stock.adobe.com (Office 365)

Alle weiteren Bilder und Grafiken sind Eigentum der TRAUNER Verlag + Buchservice GmbH bzw. wurden von Bildagenturen zugekauft (shutterstock, stock.adobe.com).